東

서로 다른 생각의 기원

EBS〈동과 서〉제작팀 · 김명진 지음 | 기획 EBS미디어

EBS 다큐멘터리
동과 서

WE
ST

지식채널

서양인은 보려 하고, 동양인은 되려 한다.

Westerners want to see the reality,

and Easterners want to be the reality.

_ W. Sheldon

동과 서, 그 차이의 비밀을 밝히다

인문과학 다큐멘터리 〈동과 서〉

EBS 다큐멘터리 〈동과 서〉는 미국의 문화심리학자 리처드 니스벳 교수의 저서 《생각의 지도The Geography of Thought》에서 아이디어를 얻어 기획되었다. 미국뿐만 아니라 국내에서도 큰 인기를 얻은 이 책은 동양과 서양의 문화 차이를 과학적으로 규명한 최초의 연구결과물이라는 점에서 매력적인 다큐멘터리 텍스트였다. 처음 〈동과 서〉를 기획할 때는 단순히 《생각의 지도》에 소개된 문화심리학 실험들을 재현하는 것으로만 생각했다. 그러나 '동양과 서양이 다르다.'는 것을 심리학 실험들로 보여주는 데 그친다면 '과연 그것이 무엇을 의미하는가?'와 같은 심화된 의문들을 해결하지 못할 것이라는 걱정이 앞섰다.

다큐멘터리 〈동과 서〉는 제작 기간 1년 4개월 중 1년 이상의 시간을 자료조사와 원고작업에 쏟았을 만큼 기존의 취재 중심 다큐멘터리와는 그 성격이 다르다. 처음에는 리처드 니스벳 교수를 비롯한 문화심리학자들의 연구결과물을 공부하는 것에서부터 시작했다. 그리고 자료조사가 동서양의 역사, 철학, 미학, 인류학, 사회학에 이르는 광범위한 학술연구로 이어지게 되었다.

각 분야의 내용들을 하나로 묶는 과정은 결코 쉽지 않았다. 주로 미국에서 진행되고 있던 기존의 동서양 비교문화 연구들은 문화 차이를 실험을 통해 밝히는 선까지만 단편적으로 자료를 제공해주었을 뿐이다. 그 결과에 사회적, 철학적 의의를 담아 내용을 확장시키는 일은 제작진에게 남겨진 어려운 숙제였다. 각 학문 분야를 넘나드는 광범위한 연구를 할 수 있었던 것은 아이러니하게도 우리가 학자가 아니라 다큐멘터리스트였기 때문에 가능한 일이었는지도 모른다.

다큐멘터리 〈동과 서〉의 원고는 기본적으로 미국의 미시간대학교, 일리노이대학교, 스탠포드대학교 등을 중심으로 활발히 진행되고 있는 최신 동서양 비교문화심리학 연구결과 및 학자들과의 인터뷰를 바탕으로 쓰였다. 그러나 이런 연구결과들을 사회적, 철학적 설명구조 속에 재배치하면서 본래의 실험들을 재해석하는 과정에는 제작진의 연구와 고민이 녹아 있다. 특히, 프로그램의 나아갈 방향을 분명하게 제시하고 이끌어주신 이정욱 프로듀서의 치열한 지적 탐구정신이 아니었더라면 이와 같은 결과물이 나오기란 불가능했을 것이다. 다큐멘터리 〈동과 서〉는 국내 최초로 80퍼센트 이상의 컴퓨터 그래픽 작업을 통해 심리학과 철학을 아우르는 인문과학 다큐멘터리를 실현했다는 점에서도 성취한 바가 크다.

타인에 대한 이해를 돕는 안내서

현재 동서양 비교문화 연구는 미국과 캐나다, 그리고 동아시아 3국, 즉 한국, 일본, 중국을 중심으로 이루어지고 있다. 그러므로 이 책에서 말하는 '동양'은 기본적으로 한국, 일본, 중국을 중심으로 한 유교

문화권^(한자문화권)을 의미하고 '서양'은 미국과 캐나다를 중심으로 한 북미문화권^(영어문화권)을 의미한다. 인종이나 국가 간 차이가 아닌 거시적 문화를 기준으로 한 것이므로 지역별, 개인별 특수성을 배제시켰다. 인간행동의 차이를 밝힐 때 문화 간의 차이가 있을 수 있고 한 문화 안에서도 개인 간에 나타나는 차이가 있을 수 있는데, 다큐멘터리 〈동과 서〉는 전자에 초점을 맞춰 문화적 원형의 차이를 밝히는 데 주력했다는 것을 밝힌다.

한국에 살고 있는 동양인으로서, 동양과 서양의 문화를 함께 공부하면서 알게 된 사실이 있다. 현대의 동양사회가 지나치게 서구화되어 동양인 스스로도 동양문화에 대한 올바른 인식과 이해가 매우 부족하다는 점이다. 사회가 아무리 서구화되어도 실제 동양인의 행동이나 습성은 옛 동양철학에 뿌리를 두고 있는 경우가 많다. 하지만 그것을 올바르게 이해하지 못해 알 수 없는 열등감과 자아비판 의식에 시달리고 있는 경우가 허다하다. 심지어 우리 사회의 유명 학자나 언론인 등 지식인들까지도 이러한 '동양인으로서의 열등감'에 시달리며 '서양 따라잡기'에 열심인 경우를 빈번하게 발견할 수 있다. 사실상 '아메리칸 스탠더드'가 '글로벌 스탠더드'로 통할 만큼 전 세계가 미국을 중심으로 돌아가고 있기 때문이다. 그렇기 때문에 이 책을 쓰면서 동양과 서양 어느 한 쪽 문화에 치우치지 않는, 균형 있는 관점을 유지하려고 노력했다. 그것은 우리 자신을 객관적으로 이해하기 위해 꼭 필요한 일이었다.

《문명의 충돌》의 저자 새뮤얼 헌팅턴은 '다른 문화의 사람들도 다 나처럼 생각할 것'이라는 생각이야말로 가장 위험하다고 지적

한 바 있다. 전쟁과 테러 같은 현대 사회의 분쟁은 대부분 서로의 문화를 이해하지 못해서 발생한다. 타인에 대한 이해, 차이에 대한 이해의 부족에서 반목과 다툼이 생겨난다. 《동과 서》가 우리 스스로에 대한 이해는 물론 타문화에 대한 올바른 이해를 돕는 계기가 될 수 있기를 바란다.

《동과 서》의 개정증보판을 준비하며

다큐멘터리 〈동과 서〉가 방송과 책을 통해 세상에 소개된 지도 벌써 4년이 넘었다. 처음 이 주제를 기획할 때만 해도, 동양과 서양의 차이라는 거시적 이분법을 통한 이야기 방식이 사람들에게 현실적으로 와 닿을지 걱정이었다. 이를테면, '불교의 연기론이나 플라톤의 이데아론과 같은 동서양 고전 속의 추상적인 개념들이 오늘날 대한민국을 살아가는 현대인들에게 어떤 의미를 던져줄 수 있을까, 그런 지식들이 고루한 학문의 영역을 뛰어넘어, 생생하고 유용한 생활지식으로 다가갈 수 있을까?'와 같은 고민을 했다. 철학은 관념적이기만 할뿐, 실증이나 응용이 어렵다는 편견 때문이다.

　그러나 이것은 기우였다. 《동과 서》의 독자들은 각자 저마다의 방식으로 이 책이 전달하고자 한 메시지를 자신이 처한 현실과 상황에 맞게 삶에 적용하고 있었다. 지식의 쓰임은 광범위했다. 외국계 기업이나 해외교류가 잦은 무역회사, 각 기업의 통번역실 등에서 교육용 자료로 쓰이는가 하면, 외국에서 생활하는 한국유학생이나 교민들 사이에서 돌려보는 자료라는 소식도 들려왔다. 독일의 한 유학생은 직접 독일어로 번역한 다큐멘터리의 내용 일부를 학교 발표

자료로 사용해 현지인들에게 좋은 반응을 얻었다고도 했다. 그 학생은 그동안 타문화 안에서 이해받지 못했던 자신의 한 부분을 '동양문화'라는 커다란 틀 속에서 설명할 수 있어서 좋았다고 고백했다. 학계에 비교문화론이 확산되고 법학과 의학, 마케팅과 같은 전문 분야에까지 활용되면서, 그 응용 범위가 무궁무진하다는 가능성도 증명됐다.

나는 이 책이 특별히 잘 씌어 좋은 반응을 얻었다고 생각하지는 않는다. 다만 간결하게 정리된 심리학 실험이나 철학적 개념을 통해, 독자들이 저마다 자신이 처한 현실을 새롭게 해석해볼 여지를 갖게 된 것은 아니었을까 조심스레 짐작해본다. '그동안 내가 힘들다고 생각했던 문제들이 내 잘못이 아닌, 문화 차이에서 비롯된 거라는 사실을 알고 위로가 됐어요.'와 같은 독자들의 작은 깨달음들이 이 작업에 보람을 더해주었다. 스스로 당면한 삶의 문제를 해결해줄 수 있는 지식, 나는 그 지식의 힘을 믿는다.

새롭게 개정증보판을 펴내면서 《동과 서》가 단순히 동양과 서양의 문화 차이에서 더 나아가, 너와 나의 차이를 이해할 수 있게 돕는 보편적인 안내서로서 그 역할을 계속 확장해나갈 수 있기를 기대해본다.

개인적으로는 방송경력도 없이 그야말로 순수한 지적 호기심 하나로 다큐멘터리 제작에 뛰어들어 1년 4개월간의 제작기간을 거치면서 배운 것이 많다. 좋은 다큐멘터리의 탄생을 위해 아낌없는 지원을 해주신 EBS 관계자분들, 내 평생의 소중한 자산이 될 배움의

자세를 일깨워주신 이정욱 프로듀서, 지난한 과정의 든든한 동반자
가 되어주었던 조연출 다희, 소정, 민정에게 감사를 보낸다.

무엇보다 프로그램 제작에 기본 바탕이 된 문화연구 결과들을
제공해주시고 기꺼운 마음으로 인터뷰에 응해주신 리처드 니스벳,
도브 코헨, 장파, 펑 카이핑, 다카 마스다, 해리 트리안디스, 기타야마
시노부, 게이코 이시이, 데니스 파크, 샤론 새빗, 에드 디에너, 치우
치 위에, 홍잉이, 헤이즐 마커스, 마크 레퍼, 윌리엄 매덕스, 무츠미
이마이, 최인철 교수님께도 존경과 감사를 표한다. 《동과 서》는 이
모든 분들의 공동 연구결과물이라고 할 수 있다.

김명진

| 차례 |

02 ● 서양, 분리하고 규정짓는 실체의 세계

PART 2 나는 누구인가
동서양의 인간과 사회

01 • 나와 너, 타인에 대한 인식

02 • 동서양의 공동체 의식

◎

개체야말로 진정한 실체다.
아리스토텔레스

▬

색은 공이요, 공은 곧 색이다(色卽是空 空卽是色).
《반야심경》

세상은 어떤 곳인가

PART 1

동서양의 우주와 세계

01

동양,
보이지 않는
기로
가득한
세계

동양인은 세상을 전체가 하나로 연결된 거대한 장과 같은 공간이라고 생각하고, 서양인은 세상을 각각의 개체가 모여 집합을 이루고 있는 공간이라고 생각한다. 그래서 서양인은 각 개체의 이름인 명사를 통해 세상을 바라보는 반면, 동양인은 각 개체 간의 관계와 그 사이의 상호작용을 설명하는 동사를 통해 세상을 바라본다.

당신은 무엇으로
세상을 인식하는가?

여기, 나무 재질로 된 원기둥 모양의 물체가 있다. 이것을 '닥스^{dax}'라고 부르기로 하자.

다시 두 개의 물체가 더 있다. 하나는 파란색 플라스틱으로 된 원기둥이고 다른 하나는 나무로 된 사각기둥이다. 이 두 개의 물체 중에 어느 것이 닥스인가?

"이 나무 사각 기둥이요."

"이 나무요!"

"둥근 원기둥이요."

"닥스는 이 원기둥이에요."

실험결과 동양인들은 재질이 같은 사각기둥을 닥스로 선택하는 경우가 많았다. 선택의 결과 자체보다도 재미있는 것은 그 이유를 설명한 대목이다.

"같은 나무로 되어 있잖아요."
"생김새보다는 본질이 같아야 같다고 할 수 있죠."

동양인들은 겉으로 드러나는 형태보다 그것을 이루고 있는 '본질'에 주목하고, 나무라는 재료에서 공통점을 찾으려고 한 것이다. 반면 서양인들은 겉으로 보이는 생김새, 즉 '모양'이 같은 원기둥을 닥스로 선택하는 경우가 많았다.

결국 동양인들은 모양보다는 재질을 더욱 중요하게 생각하고 서양인들은 재질보다는 모양을 중심으로 생각한다는 것을 알 수 있다. 이러한 현상은 물체와 물질의 차이로도 설명할 수 있다.

우리 주위에 있는 물체object 는 물질substance 로 이루어져 있다. 그리고 크기나 겉모습에 중점을 둘 때는 물체로, 그 물체를 이루는 재료에 중점을 둘 때는 물질로 표현한다. 예를 들어, 나무로 만들어진 책상은 물체이며, 그 재료가 되는 나무는 물질이 된다.

물체와 물질은 매우 다르다. 보통 물체를 구분할 때는 전체의 형태와 모습을 기준으로 한다. 책상이라는 물체를 잘게 부수어보자. 그렇게 되면 그 물체는 책상으로서의 형태를 잃어버리고 만다. 따라서 더 이상 책상이 아니다.

이번에는 찰흙 한 덩어리를 작게 나누어보자. 아무리 작게 나누어도 여전히 우리는 이것을 찰흙이라고 부른다. 찰흙은 물체가 아닌 물질이기 때문이다.

물체와 물질은 동질성에 대한 기준도 다르다. 물질을 기준으로 보면 부분과 전체를 따로 구분하는 것이 무의미해진다. 반대로 물체를 기준으로 보면 부분은 전체를 이루는 구성요소일 뿐이며 부분과 전체는 같을 수가 없다.

결론적으로 닥스를 재질로 해석한 동양인은 물질을 중심으로 세상을 바라보고, 닥스를 형태로 해석한 서양인은 물체를 중심으로 세상을 바라본다고 할 수 있다. 동양인은 닥스를 '재질이 나무로 된 것'이라고 정의했고, 서양인은 닥스를 '모양이 원기둥인 것'이라고 정의했던 것이다. 이렇게 간단한 실험

을 통해서도 밝힐 수 있는 동양인과 서양인의 기본적인 관점
의 차이는 우리 생활 속에 많이, 그리고 생각보다 깊숙이 관여
하고 있다.

지식 **+**
knowledge plus

단어 'object'가 보여주는 세계관

'object'라는 영어 단어는 인지심리학에서 가장 많이 사용되는 단어 중 하나다. 인간이 환경 내에 존재하는 각종 사물을 어떤 식으로 인식하고, 다루고, 분류하는가 하는 문제가 인지심리학의 핵심 연구과제이기 때문이다. 하지만 언제나 이 단어를 일본어로 번역하는 게 쉽지 않아 애를 먹곤 한다. 결국 딱 맞는 일본어 표현이 없어 할 수 없이 '사물', '물체', '물건' 등의 단어를 사용하지만 아무래도 object가 가지고 있는 '개별화된 존재'라는 뉘앙스가 제대로 전달되지는 못한다.

object는 개별성이 없는 존재인 'substance'와 자주 대비되어 사용된다. 두 단어의 차이는 우리의 개념 속에서 가장 근간이 되는 중요한 구별, 즉 '존재론적 구별'이라고 서양의 철학자들은 말한다. 철학자 콰인은 물질과 물체 사이의 존재론적 구별은 어린아이가 가산에 관한 문법을 습득하고, 습관적으로 셀 수 있는 것과 셀 수 없는 것에 대한 구별을 경험함에 따라 학습되는 것이라고 이야기했다. 이러한 논리에 비춰본다면 가산에 관한 문법이 없는 일본어 화자는 '물체와 물질의 존재론적 구별'을 이해할 수 없는 것이 된다.

정말 그럴까 하는 의문을 가지고 실험을 해보았다. 그 결과 콰인의 주장은 잘못된 것이었다. 이제 막 두 살이 된 일본의 어린아이도 물체와 물질이 같은 것을 결정하는 데 있어서 서로 다른 기준을 적용해야 하는, 근본적으로 다른 종류의 존재라는 것을 이해하고 있었기 때문이다.

하지만 밀랍 덩어리와 같이 물체로도 물질로도 볼 수 있는 것을 보여줬을 경우에는 일본어 화자와 영어 화자 사이에 큰 견해의 차가 있다는 것도 알게 되었다. 일본어 화자의 경우 어린아이, 어른 할 것 없이 물체로 볼 것인가, 물질의 덩어리로 볼 것인가를 두고 매우 망설였다. 이에 비해 영어 화자는 어린아이, 어른 모두 주저 없이 개별성 있는 물체, 즉 object라고 대답했다.

영어 화자는 무엇을 보더라도 그것이 가산명사로 표시되는 object인지 아닌지를 순식간에 결정해야 한다. 이에 비해 일본어 화자는 물체와 물질의 성질 차이는 이해하더라도, 애매한 것은 애매한 채로 두고자 하는 경향이 있다. 일본어에서는 어떤 조수사를 사용해야 할지 잘 모르는 명사의 경우, 범용 조수사인 'つ'를 사용해 넘어가는 것이 가능하다.

"유럽과 미국인들은 두 개의 대립되는 이론에 대해 각각의 근거가 되는 데이터가 제시되면 반드시 어느 한쪽의 데이터가 맞고 다른 한쪽이 틀리다고 생각한다. 반면 동양인들은 어느 쪽의 데이터도 부정하지 않고 변증법적으로 두 개의 이론을 통합해 모순을 해결하고자 하는 경향이 있다."고 사회심리학자 리처드 니스벳 교수는 말한다. 모든 것을 반드시 가산·불가산으로 양분하려는 영어와 애매한 것을 무리해서 분류하려 들지 않는 일본어의 차이는 일본어 화자와 영어 화자의 사회적 태도와 문제해결에 대한 태도 전반에 영향을 미치고 있는 듯하다.

_ 무츠미 이마이, 게이오대학교 인지심리학 교수

단수, 복수를 구별하는
영어가 어려운 이유

앞에서 밝힌 것처럼 한국어를 비롯해 중국어, 일본어에서는 어떤 사물을 가리킬 때 물체와 물질을 구분하지 않는다. 그러나 영어를 비롯한 서양의 언어에서는 무엇을 보더라도 그것이 셀 수 있는 '물체'를 가리키고 있는지, 셀 수 없는 '물질'을 가리키고 있는지를 구분해야 한다. 즉, 가산명사인지 혹은 불가산명사인지를 재빨리 판단해야 하는 것이다.

동양인들이 처음 영어를 배울 때 어려워하는 것 중 하나가 바로 단수, 복수, 가산명사, 물질명사와 같은 '수'의 개념이 적용된 문법이다. 동양의 언어에서는 명사든, 동사든 수를 구분하지 않는 것이 일반적이기 때문이다. 물체가 아닌 물질을 중심으로 사물을 이해하는 동양에서는 각각의 사물을 구분해서 지칭하는 언어가 발달되어 있지 않다. 그렇기 때문에 동양인들은 일상생활에서 사물의 수를 일일이 밝히지 않는다. 반대로 서양의 언어에서는 모든 사물을 형태로 구분할 수 있는 물체로 이해하기 때문에 단수, 복수, 셀 수 있는 가산명사, 셀 수 없는 물질명사 등과 같은 수의 개념이 발달했다.

펑 카이핑, 캘리포니아 버클리대학교 심리학과 교수

중국어로 이야기할 때 그냥 "오렌지 먹어라." 하고 말하지 "하나의 오렌지를 먹어라." 하고 말하지 않습니다. 듣는 사람도 그냥 맥락으로 추측할 뿐이지요. 동양인들은 물체의 특정 수량을 굳이 강조해서 말하지 않는 언어습관을 갖고 있습니다.

하지만 영어에서는 사물을 언급할 때 분명한 수량을 밝혀서 말해야 합니다. 서양에서 유치원 교사가 아이들에게 "과일 좀 먹어요." 하고 말하면, 아이들은 "어떤 과일 말하는 거예요? 바나나 한 개요? 사과 한 개요? 딸기 한 개요?" 하고 되묻습니다. 동양의 아이들은 이런 질문을 하지 않고 그냥 먹거든요. 그래도 무슨 말인지 다 알아 듣죠.

물체는 형태로서 구분되고, 고유의 형태를 지닌 물체는 하나의 개체로 인정된다. 그래서 서양인들은 사물의 '개체성'을 강조한다. 반면, 고유의 형태보다는 그것을 이루고 있는 물질을 중요하게 생각하는 동양인들은 사물이 서로 합쳐질 수 있는 '동질성'을 강조한다. 서양인들에게 있어서 전체라는 것은 각 개체들이 모여 이루어진 '집합'의 개념이다. 반면 동양인에게 있어서 전체란 개체성이 없는 하나의 덩어리와 같은 상태, 즉 '일체'의 상태를 의미한다.

이처럼 서양에서는 사물의 개체성에 대한 인식이 동양보다 훨씬 더 발달했다. 각각의 물체를 쪼개어 구분하는 능력이 크게 발달한 것이다. 그러나 동양인은 사물의 구분보다는 사물 간의 동질성, 연결성에 더 주목했다. 과연 왜 이런 차이가 생겨난 것일까?

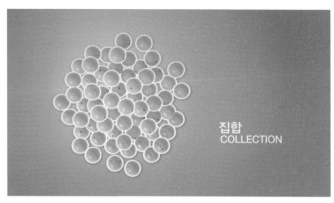

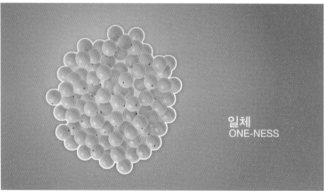

▲▲ 개체성을 중시하는 서양에서는 집합을 강조한다.
▲ 동질성을 중시하는 동양에서는 일체를 강조한다.

보이지 않는 흐름,
기

　동양사상에서는 유난히 '무無', '허虛', '공空'이라는 단어를 중요하게 다룬다. 언뜻 보면, 그저 '아무것도 없음'의 다른 표현들로 보일지도 모른다. 그러나 엄밀히 말하면, '아무것도 없는' 상태를 일컫는 게 아니라, '눈에 아무것도 보이지 않는' 상태에 가깝다. 서양에서는 예부터 눈에 보이는 세계를 중시해온 반면, 동양에서는 눈에 보이지 않는 세계를 더 인정해왔다.

　동양회화의 가장 중요한 조형요소 중 하나가 '여백餘白'이다. 여백이란, 그림에서 묘사된 대상 이외의 부분을 말한다. 이런 여백의 정의는 비단 회화에만 국한되는 것이 아니어서 문학, 음악, 서예, 건축에서도 폭넓게 찾아볼 수 있다.

조선 중기 화가
어몽룡의 《월매도》

　이렇듯 동양예술의 미는 여백이 많고 여운을 남기는 것인 반면, 서양예술에는 여백의 미가 없다. 동양화는 그리는 부분보다 안 그리는 부분이 많고 그리지 않은 부분까지도 함께 감상하지만, 서양화는 바탕을 가득 채워 그리지 않는 부분이 하나도 없도록 하고 그린 내용만을 감상한다. 동양화와 서양화의 이런 차이는 무엇을 의미하는 것일까.

　예로부터 서양인들은 우주공간이 텅 빈 허공이라고 믿어

왔다. 텅 빈 공간에 별들이 떠 있는 모습이 서양인들이 생각하는 우주의 모습이다. 이렇게 텅 빈 공간에 놓인 사물은 주변과 연결되지 않고, 그야말로 홀로 존재한다. 그래서 서양에서는 사물을 하나의 독립된 개체라고 생각한다.

그러나 동양인들은 우주가 텅 빈 허공이 아니라 '기氣(물질, 시간, 공간이 결합되어서 서로 분리할 수 없는 상태로 동양에서는 사물을 기로 바라보았다)'로 가득 차 있다고 생각했다. 아무것도 없는 것 같지만 늘 무엇인가가 있다고 믿었다. 마치 눈에 보이지 않던 수증기 입자들이 모여 구름을 이루는 것처럼, 우주 속 물체들은 모두 기로 만들어진다고 보았던 것이다.

기가 모여 일정한 형태가 있는 물체가 된다. 기로 이루어진 물체는 그 자신을 둘러싸고 있는 주위의 기와 연결되어 항상 상호작용을 일으킨다. 기가 흩어지면, 물체는 형태를 잃으면서 우리 눈에 보이지 않는 기의 상태로 다시 되돌아간다. 그것은 물이 얼면 특정한 모양을 가진 얼음이 되고, 이 얼음이 녹으면 다시 물로 돌아가는 것과 같은 이치다. 이렇게 우주 속 모든 물체는 생겼다가 사라지는 일을 계속 반복한다.

기는 물체의 밖에도 있고 물체의 안에도 있으며, 어디에나 존재한다. 따라서 기로 만들어진 물체는 주변의 다른 물체와 연결되어 끊임없이 서로 영향을 주고받는다. 육안으로는 각기 다른 개별적인 물체지만 실제로는 기를 통해 하나로 연결되어 있는 것이다.

▲▲ 서양의 우주관 – 텅 빈 공간, 서양의 사물관 – 독립된 개체
▲ 동양의 우주관 – 기로 가득 찬 공간, 동양의 사물관 – 기가 모여 형성

사물이 기의 흐름으로 형성된다고 믿는 동양에서는 사물을 독립적인 개체가 아닌 주변과의 연결 상태 속에서 상호작용하는 유동체로 바라보았다. 이렇듯 동양에서 중요하게 사용하는 '무', '허', '공'이라는 표현은 일상적인 의미의 '아무것도 없음'이 아니라 눈에 보이지 않는, 기로 가득 찬 공간의 표현이다.

사물이 허공 속에서 독립적으로 존재한다고 믿는 서양과 우주를 가득 채우는 기가 모여 사물이 생겨난다고 믿는 동양. 이러한 작은 차이에서부터 동양과 서양의 차이가 시작된다.

동양에서 말하는 '무'는 서양에서 말하는 물체가 차지하는 위치와 운동장소로서의 허공과는 다르다. 이는 생성하고 변화하고 창조하는 작용으로 충만한 기를 뜻한다. 기는 떠돌아 흐르다가 만물을 파생시킨다. 기가 모이면 실체가 되고, 실체의 기가 흩어지면 그 사물은 없어져 다시 우주의 기가 된다. 하늘의 해, 달, 별과 땅 위의 자연, 동식물 등 온갖 만물은 모두 기에서 생겨난다. 만물의 영장인 인간 역시 천지의 기가 어우러져 태어난다.[1]

앞의 동양화의 예에서도 보았듯이, 동양의 예술미학은 빈 공간 '공'을 강조한다. 아무것도 가로막지 않는 텅 빈 공간을 통해 기가 자유롭게 흐를 수 있게 하는 것이다. 건축물에서 서양인들이 중시한 것이 기둥 양식과 벽면 등 실체적 요소였다면, 동양인이 중시한 것은 기가 자유롭게 드나드는 허공의 공간, 즉 창과 문이었다.

한옥에는 창과 문의 구별이 없다. 그래서 둘을 하나로 합쳐

'창문'이라고 부른다. 서양에서는 창window과 문door이 별개의 단어로 구분되어 있다. 그러나 동양에서는 사람이 다닐 만하면 문이고, 그렇지 않으면 창으로 간주할 정도로 창과 문에 대한 개념 분리가 모호했다. 그래서 한옥에서는 몸을 잔뜩 웅크려야 겨우 통과할 수 있을 만큼 작거나, 문지방을 높여 기어오르듯 지나야 하는 높은 문들이 많이 발견된다.[2] 이것은 한옥의 문이 사람이 지나다니는 것보다는 바람이 잘 통하게 하는 역할, 다시 말해 기의 원활한 흐름에 그 일차적 기능을 두고 있기 때문이다.

한옥의 문은 기의 원활한 흐름에 일차적 기능을 둔다.

지식 +
knowledge plus

동서양 학자들의 우주관

장재(1020~1077,
중국 북송 중기의 학자)

"하늘을 아버지라 부르고, 땅을 어머니라 부르니, 내 몸은 그 가운데에 있다. 그러므로 천지에 가득 차 있는 것을 내 몸으로 삼고 천지를 이끄는 것을 나의 본성으로 삼으니 백성들은 나와 한 배에서 나온 형제자매요, 만물은 나와 함께하는 것이다."

끝이 보이지 않는 지평선 위로 태양이 솟아오르는 순간을 마주할 때, 높은 산 정상에서 아스라이 내려다보이는 저 아래의 세상을 대면할 때, 혹은 물안개 가득한 깊은 숲길을 걸을 때, 우리는 문득 자기 자신을 잊게 된다. 장엄한 자연 속에서 때때로 인간은 외따로 떨어진 독립된 개체로서의 자기 자신을 잊어버리고 주변 세계와 하나가 되어 그 일부가 된 듯한 느낌을 받는다. 위의 글은 중국 송나라의 사상가로 성리학의 기초를 닦은 장재가 그런 혼연일체의 느낌을 글로 옮겨 놓은 것이다.

"하늘과 땅 한가운데 내가 있다. 하늘과 땅 사이에 가득 차 있는 기가 내 몸에도 그대로 흐르고 있으므로 나는 우주만물과 연결되어 있는 존재가 된다. 하늘과 땅은 물론이요, 인간과 만물의 구분 없이 그 속에 존재하는 모든 존재들이 하나의 기로 연결된 거대한 가족과도 같다."

"기가 모이면 그것은 눈에 보이는 개별적인 형태를 이룬다. 기가 흩어지면 볼 수 없게 되어 사라진다. 그러나 기가 흩어졌다고 해서 그것이 아무것도 없는 상태라고 말할 수는 없다. 기가 흩어지고 모이는 순환이 끊임없이 이루어진다. 기가 흩어져 보이지 않는 상태로 돌아갈지라도 그 자체는 줄어드는 것이 아니다. 마찬가지로 기가 응집되어 형상을 이루게 될지라도 그 자체는 늘어나는 것이 아니다."

– 《정몽》, 〈태화〉

동양인들이 무엇을 보든지 전체적 기의 관점에서 보았다면, 서양인들은 무엇을 보든지 개별적 물체의 관점에서 보았다. 피타고라스는 별의 관찰을 통해 공간은 점으로 조성되며, 점이 모여 선이 되고 선이 모여 면이 되고 체적이 됨을 깨달았다. 데모크리토스는 이것을 '허공 속에 떠 있는 원자들'로 정리했다. 이러한 지식의 전통은 아리스토텔레스와 에피쿠로스를 거쳐 루크레티우스에까지 이르게 되는데, 이 고대 로마 철학자는 우주 모델을 다음과 같이 묘사했다.

"독립적으로 존재하는 모든 자연은 두 가지에서 온다.
물체와 허공에서.
물체는 허공 속에서, 그 속에서 운동하고 움직인다."

– 루크레티우스

떼려야 뗄 수 없는,
관계

서양인들은 각기 다른 두 개의 물체가 떨어져 있으면 서로 영향을 주고받을 수 없다고 생각했다. 두 물체 사이의 공간이 텅 비어 있기 때문이다. 그러나 동양인들은 떨어져 있는 물체들도 서로 영향을 주고받는다고 생각했다. 모든 물체들이 기로 가득 찬 공간 속에서 복잡하게 연결되어, 서로 '관계^{關係}'를 맺고 있다고 믿었기 때문이다.

▲ 서양인이 보는 사물의 관계 – 독립적

▲ 동양인이 보는 사물의 관계 – 연결적

서양사상의 구성원리가 하나의 개별적 존재의 속성을 탐구하는 '존재론'으로 요약된다면, 동양사상의 구성원리는 각 개체와 개체 사이에서 일어나는 일을 탐구하는 '관계론'으로 요약된다. 존재론에서는 개별적 존재를 독립된 세계의 기본 단위로 인식하는 반면, 관계론에서는 모든 존재를 서로 영향을 주고받는 관계망 안에서 해석한다.

그래서 동양인은 일찍부터 밀물과 썰물이 생기는 이유가 지구와 달이 서로 상호작용을 하기 때문이라는 사실을 과학적인 증명 없이도 알고 있었다. 달과 지구가 물리적으로는 멀리 떨어져 있음에도 불구하고 실제로는 긴밀한 영향을 주고받는 관계라는 것을 선험적으로 이해하고 있었던 것이다.

리처드 니스벳, 미시간대학교 심리학과 교수

고대 중국인은 중력의 개념을 매우 잘 이해하고 있었습니다. 두 물체가 서로 떨어져 있어도 서로 영향을 주고받을 수 있다는 것을 안 것입니다. 반면 고대 그리스인들은 이것을 이해하지 못했었죠. 심지어 18세기 후반까지도 서양인들은 떨어져 있는 두 물체 사이에 작용하는 힘의 존재를 이해하지 못했습니다. 고대 중국인들은 2500년 전부터 파장, 자기장과 같은 개념들을 이해하고 있었는데 말이죠. 심지어 바다의 조수의 원리도 아주 잘 이해하고 있었어요. 갈릴레오가 조수작용의 원리에 대한 여러 가지 재미있는 가설을 세웠지만 모두 틀린 것이었습니다. 하지만 중국인들은 사물과 환경 간의 관계를 유심히 살필 줄 알았기 때문에 2500년 전부터 이런 사실들을 이해할 수 있었던 것입니다.

지식 +
knowledge plus

관계의 역학, 만유인력

아이작 뉴턴 (1642~
1727, 영국의 물리학자,
수학자, 천문학자)

질량을 가진 모든 물체 사이에는 서로 끌어당기는 힘이
존재하는데 그 힘을 '인력(引力)'이라고 한다. 이때 인력은
어떤 한 물체를 기준으로 발생하는 게 아니라 거리가 떨
어져 있는 두 질량체에서 발생한다.

실제로 세상의 모든 물체는 서로 끌어당기고 있다. 책상
위 연필과 지우개, 책과 컴퓨터, 핸드폰과 선풍기, 심지어
나와 먼 나라의 이름 모를 누군가 사이에도 인력이 작용
하고 있다. 그러나 힘의 크기가 매우 작기 때문에 우리는
이 힘을 느낄 수 없다. 연필과 지우개 사이에도 당기는 힘이 존재하지만 그 크기가
다른 힘들에 비해 무시할 수 있을 정도로 작기 때문에 서로 가까워지거나 붙어버리
지 않는다. 이렇듯 우주의 모든 물체 사이에 작용하는 서로 끌어당기는 힘을 '만유
인력(萬有引力)'이라고 한다.

사람이 몸무게를 갖는 것도 사람과 지구 사이의 인력 때문이다. 지구가 사람을 끌
어당기는 힘이 사람을 지표면에서 벗어나지 못하게 하여 사람이 몸무게를 갖도록
하는 것이다. 지구 대기권에 존재하는 공기도 지구의 인력 때문에 지구를 벗어나지

못하고 머물러 있게 되는 것이다. 대기 중에서 땅에 가까울수록 대기입자가 더 많아지는 것도 인력의 영향이 더 세기 때문이다.

만유인력의 법칙

$$F_1 = F_2 = G\frac{m_1 \times m_2}{r^2}$$

달과 지구는 멀리 떨어져 있음에도 불구하고, 대단히 큰 질량을 가진 물체들이기 때문에 서로 잡아당기는 힘도 엄청나다. 이 엄청난 힘 때문에 지구에는 여러 가지 일들이 일어난다. 지구 표면의 바닷물의 경우, 밀도가 낮아 그 힘의 영향을 쉽게 받아서 달이 있는 방향으로 더 쏠리는 현상이 나타나는데, 이것 때문에 밀물과 썰물이 생긴다. 즉, 조수간만의 차는 달의 인력이 지구에 미쳐 바닷물을 세게 끌어당겨서 일어나는 현상이다.

만유인력의 법칙은 1665년 아이작 뉴턴에 의해 정립됐다. 그는 사과를 나무에서 떨어뜨리는 힘이나 지구를 태양 주위로 돌게 하는 힘이 모두 같은 종류의 힘이라는 것을 발견했다. 나아가 우주에 있는 모든 물체들이 서로 끌어당긴다는 사실을 발견했다. 뉴턴 이전의 서양과학에서는 물체들 간의 보이지 않는 힘을 밝히지 못했다. 그래서 뉴턴의 '만유인력의 법칙'은 서양과학사에서 남다른 의미를 갖는다. 이후의 서양과학의 흐름을 바꿔놓은 획기적인 발견이었기 때문이다.

그러나 고대 동양인들에게 이러한 발상은 그다지 새로운 것이 아니었다. 일상 속에서 '기'의 개념을 이해하고 있었던 고대 동양인들은 뉴턴이 만유인력의 법칙을 발견하기 훨씬 전인 2500년 전부터 파장, 자기장, 조수의 원리 등을 이해했다.

우리를 둘러싸고 있는
거대한 장

　일본 교토에 있는 사찰에 가면 '가레산스이枯山水'라는 마당을 볼 수 있다. 이 마당에는 동양인들이 생각하는 우주의 모습이 상징적으로 잘 표현되어 있다. 얼핏 보면 각각의 개체, 즉 바위들이 독립적으로 존재하는 것처럼 보인다. 그러나 바닥을 자세히 살펴보라. 잔잔한 물결무늬에 의해 서로 연결되어 있음을 알 수 있다. 마치 연못에 돌을 던졌을 때 잔잔히 일어나는 파장, 혹은 철가루에 자석을 댔을 때 일정한 흐름을 띠는 자기장의 모습과 같다. 이와 같이 비어 있는 공간이 아니라 그 자체로서 하나의 체계이며 질서를 이루는 공간, 그것이 곧 '장場'이다.

▲ 가레산스이

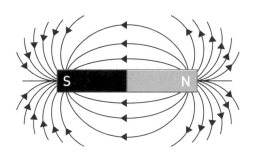

▲ 막대자석 주위의 자기장

전류가 흐르는 전선의 주변에는 어떤 힘이 작용하는데, 이
것은 자기장이 형성되기 때문이다. 자기장은 역선力線(힘이 뻗치는 방
향을 나타내는 선) 표시를 통해 그 존재를 드러내는데, 그 역선의 무늬
를 고대 동양인들은 과학적인 증명 없이도 자연스럽게 믿고 있
었다. 그래서 장은 단순히 비어 있는 공간이 아니라 중력장이나
전자장과 같이 그 자체로 하나의 체계이며 질서가 된다. 장은
그것을 구성하는 모든 것이 서로 조화롭게 통일되어 있는 공간
이다. 장을 구성하는 개개의 부분은 부분이면서 동시에 전체가
되고, 전체이면서 동시에 부분이 된다.

동양인들은 이미 오래 전부터 우주를 하나의 커다란 장으
로 생각해왔다. 그러나 서양의 현대물리학이 기로 연결되어 상
호작용을 일으키는 공간으로서 '장field' 개념을 받아들인 것은
최근의 일이다. 맥스웰은 전자기 이론을 통해 전기와 자기는
본질적으로 같은 것이며 이들이 만들어내는 장의 출렁임, 즉
전자기파가 바로 우리가 '빛'이라고 부르는 것이라는 사실을
밝혀냈다.

한편, 아인슈타인은 양자장 이론을 통해 물체를 이루는 입자가 그것을 둘러싸고 있는 공간으로부터 분리될 수 없다는 것을 밝히기도 했다. 현대물리학 발전에 가장 중요한 인물로 꼽히는 맥스웰과 아인슈타인. 이 둘이 남긴 업적의 공통점은 바로 장의 개념을 토대로 자연의 물리적 현상을 설명해냈다는 사실이다.

지식 +
knowledge plus

현대물리학과 장의 개념

알버트 아인슈타인
(1879~1955,
미국 물리학자)

"물질이라는 것은 장이 강하게 집중된 공간에 의하여 성립되는 것이라고 볼 수 있다. (…) 이와 같이 새로운 물리학에서는 장과 물질 모두를 위한 것이 있을 수 없다. 장이 곧 유일한 실재이기 때문이다."

아인슈타인은 '상대성 이론'을 통해 공간은 3차원이 아니며, 시간은 별개의 실체가 아니라는 사실을 밝혔다. 둘은 밀접하게 관련되어 4차원의 '시공(時空)' 연속체를 형성한다. 상대성 이론에서는 시간과 공간을 떼어서 설명할 수 없다. 또, 하나의 물질을 그것을 둘러싼 공간으로부터 떼어서 설명할 수도 없다. 이것은 한 물체의 운동을 절대 공간, 절대 시간 속에서 분리하여 설명했던 뉴턴의 고전 물리학을 전면적으로 수정해야 하는 발견이었다.

이 발견은 어떤 물체의 질량을 그 물체가 가진 내재적 속성이 아닌, 에너지의 한 형태로 인식하게 하는 깨달음을 낳았다. 즉, 정지해 있는 물체라 하더라도 그 질량 속에는 에너지가 담겨 있다. 에너지와 질량, 이 둘 사이의 관계는 다음의 그 유명한 등식으로 정리된다.

$$E = mc^2$$

(E : 에너지, m : 질량, c : 진공 속의 빛의 속도)

상대성 이론에 의하면 에너지와 질량은 변환된다. '모든 물질은 에너지로 전환될 수 있다. 물질이 완전한 에너지로 전환될 경우 엄청난 파워를 갖는다.'는 이론을 바탕으로 '핵폭탄'이 만들어진다. 이는 또 '고밀도의 초집약적인 물질이 어느 한 순간에 폭발해 일시에 에너지로 바뀌어 135억 년이라는 긴 시간이 지나는 동안 차차 에너지의 열기가 식어 다시 물질로 뭉쳐지고 우주만물로 전환되며 우주가 시작되었다.'는 '빅뱅 이론'의 토대가 되기도 했다. 물질과 에너지가 서로 전환될 수 있다는 생각, 이것은 하나의 물질을 그것이 놓인 '장'으로부터 떼어서 생각할 수 없다는 동양철학과 맞닿아 있다.

물질과 장은 질량으로서 구분된다. 즉, 물질은 질량이 있지만, 장은 질량이 없다. 물질에는 엄청난 양의 에너지가 집중되어 있지만, 물질의 주위에 있는 장은 상대적으로 매우 적은 양의 에너지를 갖는다. 그래서 물질은 에너지의 집중이 큰 곳이고, 장은 에너지의 집중이 작은 곳이라고 정의할 수 있다. 우리가 물질이라고 느끼는 것들은 작은 공간에 상대적으로 큰 밀도로 존재하는, 고농축 에너지의 결집체인 셈이다.[4]

이제 현대물리학에서는 하나의 존재가 가진 비밀을 풀기 위해, 장을 연구한다. 장이란 결국, 아인슈타인이 만물의 존재근거로 증명한 에너지의 시공간인 동시에, 동양에서 오랫동안 믿어 왔던 '기'의 흐름이 지배하는 세계다. 현재 지금까지 밝힌 중력장, 전자기장, 열역학장, 양자장의 서로 다른 네 가지 힘의 영역을 하나로 설명할 수 있는 통일장에 대한 연구가 진행 중이다. 에너지가 엄청난 양으로 집중되어 있는 거대한 장 속에서 전기력, 자기력, 중력 등 자연의 모든 역학을 일관되게 설명해내는 통일장 법칙의 정립, 아인슈타인은 그것을 물리학이 해결해야 할 마지막 과제로 보았다.

동양인은 동사로 말하고,
서양인은 명사로 말한다

동양인은 모든 것이 서로 연결되어 있는, 하나의 장으로서 세계를 바라본다. 그 세계 속에서 사물과 사물은 상호 간에 파장을 일으키는 형태로 연결되어 있다. 우리가 사용하는 사물事物이라는 단어는 이러한 연결관계를 매우 잘 드러낸다. 모든 물체物와 물체物는 서로 연결事되어 있다. 다시 말해, 동양인이 보는 사물은 각각의 독립적인 존재가 아니라 서로 연결되어 있는 존재다.

동양인이 보는 사물은 서로 연결되어 있는 존재다.

사람이 차를 마시는 상황이 있다고 하자. 이때 차를 더 마
실 것인지를 묻는 언어사용에서도, 동서양의 차이가 나타난다.

동양 : (차) 더 마실래?

서양 : (Would you like to have) more tea?

서양인은 더 마실 것인지를 물을 때 'tea차'라는 명사를 사
용해서, 'more tea?(차 더 힐래?)' 하고 묻는다. 반면 동양인은 '마
시다'라는 동사를 사용해서 '더 마실래?' 하고 묻는다. 같은 표
현인데 동양언어에서는 동사로 표현하고 서양언어에서는 명사
로 표현한다. 왜 이런 차이가 나는 것일까?

'마시다'라는 동사는 사람과 차 사이에서 일어나는 상호작
용을 표현한다. 동양에서는 이렇게 개체 간의 관계 속에서 일어
나는 상호작용을 중심으로 생각하기 때문에 동사적 표현을 많
이 사용한다. 즉 동사 중심으로 표현하는 것은 사물이나 사람
간의 관계에 초점을 맞춘 것이라고 할 수 있다.

그러나 사람과 차가 서로 독립된 개체라고 믿는 서양에서
는 '차'라는 명사를 통해 질문의 의미를 표현한다. 실제로 일상

▲▲ 명사를 중심으로 생각하는 서양언어
▲ 동사를 중심으로 생각하는 동양언어

생활에서 서양인들은 명사를 많이 사용하고 동양인들은 동사를 많이 사용하는 경향이 있다.

동양엄마와 서양엄마가 아이와 놀아줄 때 나누는 대화를 비교해보면 이러한 차이를 좀 더 분명하게 알 수 있다. 동양엄마는 '엄마한테 밥 해줄래?' 하는 식의 동작을 유도하는 말, 즉 동사를 사용하게 하는 대화를 많이 한다. 반면 서양엄마는 '이게 뭐니?' 하는 식의 명사를 사용하게 하는 대화를 많이 한다.

"엄마한테 밥 해줄래?"

"이건 무엇에 쓰는 트럭이지?"

왜 서양에서는 명사가 발달하고 동양에서는 동사가 발달했을까? 사물들이 독립된 개체라고 믿는 서양에서는 당연히 각 개체의 속성을 대표하는 명사가 언어의 중심을 이룬다. 그러나 사물들이 서로 연결되어 있다고 믿는 동양에서는 다양한 사물들이 어떻게 서로 연결되어 있는지를 표현하는 동사를 많이 사용한다. 이렇듯 언어를 통해서도 각 문화권마다 다르게 발달되어온 사고방식의 차이를 엿볼 수 있다.

평 카이핑, 캘리포니아 버클리대학교 심리학과 교수

1980년에 한 언어학자가 영어에 명사가 아주 많다고 지적한 바 있습니다. 서양의 영어권 아이들이 얘기하는 것을 들어보면 대부분 명사를 사용한다는 걸 알 수 있습니다. 미국 슈퍼마켓에 가면 엄마와 아이가 "이게 뭐니?", "오렌지", "이거는?", "사과" 하는 식으로 대화하는 것을 흔하게 들을 수가 있죠.

반대로 중국인 엄마와 아이의 대화 속에서는 많은 동사가 발견된다고 합니다. 중국엄마들은 아이에게 "앉아, 먹어봐, 달려가 봐." 하는 식으로 행동을 유도하는 동사를 많이 말하는 것이죠. 문화적으로 이런 차이가 있다는 게 흥미롭습니다.

동양인과 서양인의
사물을 묶는 방식

여기 원숭이, 판다, 바나나 그림이 각각 있다. 세 가지 중 두 가지를 묶어보자. 당신이라면 무엇과 무엇을 하나로 묶겠는가?

이 중에서 두 개를 묶는다면?
Which two go together?

다시 잡지, 공책, 연필 그림이 각각 있다. 세 가지 중 두 가지를 묶어보자. 무엇과 무엇을 하나로 묶겠는가?

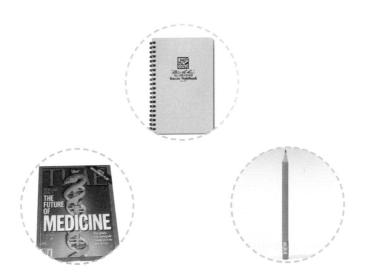

이 중에서 두 개를 묶는다면?
Which two go together?

"판다와 원숭이요. 둘 다 동물이잖아요."

"판다와 원숭이가 묶여요. 둘 다 동물이니까요."

"원숭이와 바나나요.
원숭이가 바나나 먹는 걸 좋아하잖아요."

"원숭이랑 바나나요.
원숭이가 바나나 먹잖아요."

첫 번째 실험에서 동양인들은 원숭이와 바나나라고 대답한 반면, 서양인들은 원숭이와 판다라고 대답했다. 선택의 이유를 묻자, 동양인들은 '원숭이가 바나나를 먹는다'는 사물 간의 관계를 중심으로 생각하고 답했다고 이야기했다. 이에 반해 서양인들은 '원숭이와 판다는 모두 동물'이라는 분류를 중심으로 생각했다고 했다.

두 번째 실험에서 동양인들은 공책과 연필이라고 대답했다. 반면, 서양인들은 잡지와 공책이라고 대답했다. 첫 번째 실험과 마찬가지로 동양인들은 '공책에 연필로 쓴다'는 사물 간의 관계에 주목했고 서양인들은 '잡지와 공책은 모두 책 종류의 하나'라는 분류에 주목했다.

서양 : 판다와 원숭이는 '동물'이다.

동양 : 원숭이가 바나나를 '먹는다'.

서양 : 잡지와 공책은 '책'에 속한다.

동양 : 공책에 연필로 '쓴다'.

이 실험을 통해서도 동양인은 '먹는다', '쓴다'와 같은 동사를 통해 두 사물 간의 관계성을 설명하려 한다는 것을 알 수 있다. 반면, 서양인은 동물, 책과 같은 명사를 통해 사물의 범주를 정하고 분류하려고 한다는 것을 알 수 있다. 이렇게 동사를 중심으로 사물 간의 관계를 주목하는 동양인과 명사를 중심으로 사물을 독립적으로 분류하려는 서양인의 사고방식의 차이는 세상과 우주를 바라보는 시각의 차이로까지 확장된다.

파란 물체가 파랗게 보이는
이유는 무엇일까?

다음 사진을 보고 "이 물체는 왜 파란색인가?" 하고 묻는다면 당신은 뭐라고 대답하겠는가?

서양인들은 이 물체가 파란 속성을 가진 물질로 이루어져 있기 때문이라고 대답한다. 어떤 물체가 갖고 있는 성질의 이유를 그 물체의 내부에서 찾는 것이다. 이것은 물체의 바깥이 텅 빈 허공이라는 생각을 전제로 한다.

그러나 동양인은 모든 공간이 기로 가득 차 있으며, 모든 사물은 기가 뭉쳐서 생겨나는 것으로 이해했다. 따라서 이 물체가 파란 이유는 물체 주변에 흐르는 기운이 파란 성질을 띠고 있기 때문이라고 생각한다. 동양인이 보는 사물은 항상 주변의 다른 사물과의 복잡한 연결관계 속에 놓여 있다.

'기'를 오늘날 우리가 많이 쓰는 현대어로 대체한다면 어떤 말에 가장 가까울까? 아마도 바람, 공기, 물과 같은 단어가 아닐까? 그리고 그 이유는 바람과 공기, 물의 '흐른다'는 특성 때문일 것이다.

우리는 바람과 물의 흐름을 보고, 듣고, 느낄 수 있다. 하지만 이것을 제외한 것들의 기는 아주 예민한 사람, 혹은 심신수련을 많이 한, 소위 도인의 경지에 이른 사람이 아니라면 오감으로 느끼기 매우 어렵다. 그래서 우리는 눈에 보이지도, 손에 만져지지도 않는 기라는 것의 실체를 바람이나 물 같은 것이라고 짐작해볼 뿐이다. 그러나 조금만 더 생각을 확장해보면 세상 모든 이치에 이러한 기가 흐르고 있음을 감지할 수 있다.

사람이 죽었을 때 우리는 '돌아가셨다'고 말한다. 그냥 '갔다', '사라졌다'고 하지 않고, '돌아갔다'고 표현하는 것이다. 그것은 삶과 죽음을 하나의 순환하는 흐름으로 보는 동양인들의 관점을 잘 반영한다.

사람은 태어나면 언젠가는 죽는다. 인간뿐만 아니라 우주 만물 전부 다 마찬가지다. 봄에 꽃이 피고 가을에 열매를 맺지만 겨울이면 다시 땅으로 돌아간다. 우주 안의 모든 존재가 생성과 소멸을 거치면서 끝없이 순환한다. 동양에서는 이 순환을 담당하는 것이 바로 기라고 생각했다.

음양의 기는 끊임없이 그 형태를 변화시킨다. 불면 바람이 되고, 올라가면 구름이 되고, 내려오면 비가 되고, 땅에 스며들면 생기가 된다. 그리고 이 생기를 받아 동식물이 자란다. 이것이 동양의 전통적인 물의 순환논리다.

수많은 동양의 고전 속에서 기는 단순한 물질을 넘어 텅 빈 우주를 흐르는 힘이고 변화며 운동성 그 자체로까지 묘사된다. 눈에 보이는 물질부터 그것이 품고 있는 에너지, 그것을 움직이는 운동성까지, 기는 모든 생명을 포괄하는 의미를 갖는다고 할 수 있다.[5]

지식+
knowledge plus

'기우'에 담긴 동양의 우주관

기(杞) 나라에, "하늘이 무너지고 땅이 꺼져버리면 몸을 의지할 데가 없어질 텐데 어떡하지?" 하는 걱정에 밥도 못 넘기고 잠도 못 이루던 사람이 있었다. 그걸 안타깝게 여긴 사람이 그 어리석음을 깨우쳐주겠노라며 이렇게 말했다.

"하늘은 기가 쌓인 것입니다. 천지에 꽉 들어찬 것이 이것이지요. 당신이 몸을 움직이고 숨을 쉬는 것이 모두 이 기 안에서 일어나고 있는 일인데 어째서 하늘이 무너질까 걱정하고 있습니까?"

걱정하던 사람이 말했다.

"하늘이 정말 기가 쌓인 것이라면 해와 달과 별들이 떨어질 것 아닙니까?"

"해와 달과 별들 또한 하늘과 마찬가지로 '쌓인 기' 가운데 빛나는 것일 뿐이니, 떨어진다 하더라도 다칠 리는 없습니다."

"그럼 땅이 꺼져버리면 어떡합니까?"

"땅 역시 덩어리(塊)가 쌓인 것입니다. 사방에 꽉 들어찬 것이 바로 이 덩어리들 아닙니까. 아무리 밟고 굴러도 다 이 덩어리 위에서 일어나는 일인데 어째서 땅이 꺼질까를 걱정하고 있습니까."

그러자 걱정에 싸였던 사람이 비로소 안도감에 기뻐했다고 한다. 이 일화에서 생겨난 말이 바로 '기우(杞憂)'다. 기나라 사람의 근심, 즉 어리석고 쓸데없는 걱정을 뜻하는데 이 단어를 통해서 우리는 기의 개념과 동양의 우주관을 엿볼 수 있다.[6]

관계 속에서 생겨난
연기론

"가난한 내가 아름다운 나타샤를 사랑해서 오늘 밤은 푹푹 눈이 나린다." 하는 백석 시인의 속삭임과 "한 송이 국화꽃을 피우기 위해 봄부터 소쩍새는 그렇게 울었나 보다." 하는 서정주 시인의 탄식을 들어보았을 것이다. 이 시들은 동양인들에게 너무나 자연스러운 정서적 공감대를 형성한다. 그런데 만약 서양인들에게 유명 문학작품의 한 구절이라는 사실을 감춘 채 이 문장들을 따로 떼어 들려준다면 그들 역시 쉽게 이해하며 고개를 끄덕일까?

동양인에게 우주의 모든 사물들은 서로가 연결되어 있으며, 사물을 둘러싼 환경과 긴밀한 영향을 주고받는다. 예를 들어, 한 그루의 나무가 존재하려면 다양한 조건들이 충족되어야 한다. 우선 나무가 뿌리를 내릴 수 있는 땅이 있어야 하고, 나무는 땅을 통해서 양분을 흡수할 수 있어야 한다. 또 햇빛이 있어야 광합성작용을 할 수 있다. 그 밖에도 이 나무를 둘러싼 모든 환경들이 직접적으로 혹은 간접적으로 영향을 미친다. 동양에서는 풀 한 포기, 나무 한 그루가 모두 서로 영향을 주고받으면서 살아간다는 것을 믿고 있다. 한 송이의 국화꽃이 피기까지는 주변과의 수많은 상호작용이 필요한 것이다.

우주와 만물을 하나의 기가 변주되며 발생하는 것으로 보았던 동양에서는 인간의 생명 역시 다른 동식물의 생명과 동일한 방식으로 탄생한다고 생각한다. 그렇기 때문에 거대한 우주에서 인간은 자연과 동등한 위치를 갖는다. 서양에서 인간중심 사상이 발달한 것과 달리, 동양에서 자연중심 사상이 발달한 것은 바로 이 때문이다.

심지어 동양에서는 생명과 무생명을 엄격하게 구분하지 않는다. 죽음과 삶이 기를 매개로 서로 넘나들기도 한다. 인간이 동물이나 식물을 먹었다면 그 동식물은 일단 생명을 잃는다. 그러나 인간의 배설물이 땅으로 돌아가서 썩어 훌륭한 거름이 되고, 이 거름이 다시 새로운 생명이 되어 인간의 생명에 보태어진다. 이렇게 한 생명은 떠도는 기들이 모이고 흩어짐에 따라 탄생과 죽음을 되풀이한다. 마치 겨울이 되면 얼음이 얼었다가 봄이 되면 물이 되어 녹아 흐르는 계절의 순환처럼, 동양에서는 한 생명의 삶과 죽음마저도 기의 순환으로 결정된다.[7]

나무 한 그루, 풀 한 포기를 비롯한 세상의 모든 존재가 수많은 관계 속에서 생겨나고 사라진다. 이를 불교에서는 '연기緣起'라고 부른다. '연기'란 모든 사물이 수많은 인연에 따라 생겨난다는 뜻이다. '연緣'은 인연, 즉 직접적인 또는 간접적인 수많은 원인을 가리킨다. '기起'는 생겨난다는 뜻으로 동사적인 표현이다. 모든 사물은 늘 변화하면서 새롭게 생겨나는 존재라는 뜻이다.

서양에서는 모든 존재를 고정적인 의미인 'Being'으로 표현한다. 그러나 동양에서는 모든 존재가 항상 변화한다는 의미인 'Arising起'으로 표현한다. 동양의 관점에서 보면 모든 존재는 고정된 명사적 존재가 아니라 늘 변화하는 동사적인 존재라고 할 수 있다. 그래서 언어발달에 있어서도 서양에서는 고정적 실체로서의 'Being'을 묘사하는 명사가, 동양에서는 늘 변화하는 작용으로서의 'Arising'을 묘사하는 동사가 상대적으로 더 발달한 것이다.

서양인들은 복잡한 사물들을 정리하기 위하여 같은 속성을 가진 것들끼리 묶는 방식을 택했다. 이를 위해서는 사물을 각각 따로 떨어진, 독립된 개체로 봐야 한다는 전제가 필요하다. 반면 동양인의 입장에서는 나무가 땅과 분리되어서는 생존할 수 없으므로 서양인들처럼 사물을 분리해서 생각하는 것은 올바른 사고방식이 아니었다. 따라서 동양에서는 어떤 사물의 특성을 알고자 할 때 다른 사물과의 관계 속에서 파악하려고 한다.

사람을 평가하는 데 있어서도 동양인들은 그 사람의 가정환경, 인간관계 등을 중요한 기준으로 삼는다. '유유상종類類相從, 친구를 보면 그 사람을 알 수 있다.' 하는 말이 있을 정도로 사람을 주변과의 상호관계 속에서 파악하려고 노력해왔다. 반면 서양에서는 어떤 사람에 대해 알고자 할 때 타고난 성격이나 특유의 사고방식, 심리상태 등 그 사람 고유의 내면분석을 통해 파악하려 한다.

또한 우주를 하나의 기로 파악했던 동양에서는 기의 특성을 알고 나면 우주의 원리, 즉 진리를 발견할 수 있다고 생각했다. 그러나 서양인들은 모든 사물의 구성성분을 다 알아내야 하

서양은 모든 존재를 고정적인 것으로, 동양은 변화하는 것으로 본다.

므로 아무리 방대한 지식을 축적해도 결국 진리는 알 수 없다
는 생각을 가지게 되었다.

장파, 중국 인민대학교 미학과 교수

서양인은 어떤 사물을 인식하고자 할 때, 그 사물을 과학 실험실
에 옮겨놓고 과학적으로 실험을 하면, 어떠한 사물이든 완전하
게 분별해낼 수 있다고 믿습니다. 이러한 과학적 분류방식에서는
하나의 사물을 다른 사물로부터 완전히 분리하게 되는데, 이것이
서양인들의 일반적인 사고방식이라고 할 수 있습니다.

지식+
knowledge plus

동양에서 말하는 인연

"여러 인연(因緣)으로 발생한 존재를 나는 공(空)이라고 말한다. 이렇게 발
생한 존재는 또한 관습적인 이름에 불과할 뿐이며, 이것이 또한 중도(中道)
의 의미이기도 하다."

– 나가르주나, 《중론》

불교에서 '인(因)'은 직접적 원인을, '연(緣)'은 원인을 도와 결과가 생기는 간접적 원
인을 가리키는 용어다. 뭔가가 인연에 의해 태어났다면, 그 존재는 연의 마주침을
통해 구성된 것이라는 뜻이다.

벼를 예로 들면, 씨는 인이요, 물, 흙, 온도 같은 것은 연이 되는 것이다. 만일 벼가
씨앗으로부터만 생겨난다면 벼의 원인은 물론 씨앗일 것이다. 그러나 우리는 벼가
씨앗만으로 생겨나지 않는다는 것을 안다. 열과 기압, 수분, 토양, 미생물 등 무수한
요소들의 관계가 함께 관여해야만 비로소 벼가 생겨날 수 있다.

이러한 관계의 요소들을 추적하자면 지구의 기압과 중력, 대기, 대지에 관계하는
태양과 달, 나아가 우주 전체를 다 가져와야 할 것이다. 이렇게 모든 개체들이나 사
건들이 인연의 마주침으로 인해 발생한다는 메커니즘을 불교에서는 '연기(緣起)'라
고 부른다. 모든 것은 그냥 발생하는 게 아니라, 다른 것들에 '의존하여(緣) 일어난

이것이 있으므로 저것이 있고
이것이 생기므로 저것이 생겨난다
이것이 없으므로 저것이 없고
이것이 사라지므로 저것이 사라진다
- 잡아함경

다(起)'고 이해하기 때문이다.

'한 번 흘러간 물은 다시 흘러오지 않는다.' 평범해 보이지만, 이 이야기에는 흐르는 물의 성질에는 전 우주가 참여하는 인연이 들어있다는 의미가 담겨 있다. 물이 한 번 흐르는 동안 전체 세계의 인연이 함께 흘러가므로, 그 순간은 두 번 다시 반복되지 않는다.

연기론에 의하면, 세상 모든 것은 인연에 따라 생겨나고 사라진다. 그러므로 홀로 독립된 실체는 있을 수 없다. 인연이 만나면서 '생겨남(生)'이 있고, 인연이 다하면서 '멸함(滅)'이 있다. '옷깃만 스쳐도 인연이다.'라는 말처럼, 세상의 모든 만남은 인연으로 이루어져 있다.

동양에서 인연이라는 말은 비단 불교에서만 통용되는 것이 아니다. 도교, 불교, 유교 등이 섞여 형성되어온 동양적 삶과 사상의 표현으로서 생활 구석구석 광범위하게 사용되고 있다. 부모와 자식, 부부관계, 친구관계 등 모든 관계가 그 사이를 연결하는 인연의 끈으로 맺어져 있다고 보는데, 특히 좋은 결과를 초래할 수 있는 올바른 만남, 혹은 관계를 묘사하는 데 많이 사용된다.

일원론적 세계관을 담고 있는
음양오행

동양의 대표적인 사상 중에 '음양陰陽'이라는 것이 있다. 음양사상은 만물이 음과 양으로 이루어진다고 이야기한다. 이때, 음과 양은 각각 독립된 개체가 아니다. 음은 그늘을 뜻하고 양은 햇빛을 뜻하는데, 마치 빛과 그림자가 따로따로 존재할 수 없는 것처럼 음양사상은 이 세상 만물이 홀로 존재할 수 없는 특징을 가지고 있다고 설명한다.

음양 = 빛과 그늘

"하늘은 양이고 땅은 음이다.

해는 양이고 달은 음이다.

(…)

가는 것은 음이고 이르는 것은 양이다.

정지해 있는 것은 음이고 움직이는 것은 양이다.

늦은 것은 음이고 빠른 것은 양이다.

양은 보이지 않고 가벼운 기운으로 변화하고, 음은 보이면서 무거운 형체를 이룬다."

–《황제내경》

동양의 자연세계는 음양이라는 짝으로 나눈 질서에 따라 배열된다. 이러한 음양의 운동과 변화는 만물 가운데에서 매우 다양한 방식으로 드러나지만 그 모든 것은 결국 하나의 기로 수렴된다.

아래 태극도를 살펴보자. 이 그림에서 음과 양은 각각 원의 절반을 차지한다. 그것을 회전시키면, 한쪽은 소_小에서 대_大가 되고 다른 한쪽은 대에서 소가 되며, 이쪽이 줄어들면 저쪽은 늘어난다. 각각은 머리와 꼬리가 서로 맞닿아 있어, 낮이 지나 밤이 되고 다시 밤이 지나 낮이 되는 것처럼 끝없이 순환한다.

"태극이 움직여서 양을 낳고 그 움직임이 극에 달하면 고 요해진다. 고요해져서 음을 낳으며 그 고요함이 극에 달하 면 다시 움직인다. 한 번 움직이면 한 번 고요해지니 서로 의 뿌리가 된다. 순환하면서 음으로 갈라지고 양으로 갈라 지니 음과 양이 세워진다."

– 주돈,《태극도설》

태극도는 한 번 움직이면 한 번 고요해지는 것이 우주만물 의 근본적인 리듬이라는 것을 잘 설명하고 있다. 이런 리듬이 자연의 변화를 만들고 그렇게 만들어지는 변화의 양상이 각각 음과 양이라는 이름으로 불린다.

다음과 같이 계속 상승하는 추이를 나타내는 그래프가 있 다. 그래프가 이어지는 다음 점은 어디가 될까?

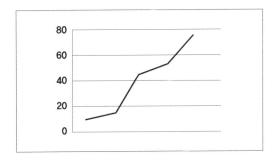

서양인들은 '지금까지 쭉 상승했으니 앞으로도 계속 상승

할 것'이라고 예상했으며, 그래프의 더 높은 지점을 짚는 경향을 보였다. 그러나 동양인들은 '계속 상승하기만 했으니, 이제 내려갈 때가 되지 않았을까' 하고 문제를 제기하며 그래프가 하강할 것으로 생각하고 낮은 지점을 짚는 경우가 많았다. '음지가 양지되고 양지가 음지된다.'는 속담처럼, 동양인들은 세상사가 돌고 돈다고 믿는 순환론적 세계관을 갖고 있는 것이다.

한 번은 음이 되고 한 번은 양이 되게 하는 세상의 원리, 그 균형의 원리를 동양에서는 '도道'라고 부른다. 도는 구체적인 사물이 아니지만, 도가 있기 때문에 모든 사물과 온 세상은 지금의 모습으로 조화롭게 존재할 수 있는 것이다.

"음과 양이 갈마드는 것을 일러 도라 한다一陰一陽之謂道."

— 《주역》,〈계사〉

사계절이 구분되는 것도 기의 다름 때문이다. 봄, 여름, 가을, 겨울은 자연의 도에 따라 조화롭게 순환한다.

"자연의 도는 봄에는 따뜻해서 낳고, 여름에는 더워서 키우고, 가을에는 맑아서 죽게 하고, 겨울에는 추워서 저장한다. 따뜻하고 덥고 맑고 추운 것은 기는 다르지만 효과가 같으니, 모두 자연이 한 해를 이룬 까닭이다."

— 동중서,《춘추번로》

"뭇 별들이 번갈아 운행하고, 태양과 달은 교대로 비춘다. 사계절이 갈마들며 절기를 제어하니, 음양의 두 기운은 만물을 생성시킨다. 비와 바람이 널리 베풀어지니 만물은 각자 음양의 기운을 받아 생육하고, 각자 비바람의 자양분을 받아 성장한다. 음양이 만물을 변화시키고, 생성시키는 그 과정은 볼 수 없으나, 그것이 이루어놓은 것을 볼 수 있으니 이를 신神이라 한다."

– 순자,《천론》

음양은 기가 작용하는 원리다. 그것은 특정한 실체를 가리키는 것이 아니라, 자연의 생성과 변화를 이끌어가는 두 대극적 힘의 상징기호 같은 것이다.

"양이 변화하고 음이 그것과 결합하여 화火, 수水, 목木, 금金, 토土의 오행五行을 낳는다. 이 다섯 가지 기가 순조롭게 펼쳐질 때 네 계절은 질서 있게 운행된다."

– 주돈,《태극도설》

기의 비정형적 특성을 가장 잘 보여주는 예가 물과 불이다. 태초의 세상은 물과 불의 기운으로 생겨났다. 가볍고 상승하는 불은 양의 물질적 상징이고, 무겁고 하강하는 물은 음의 물질적 상징이다. 양의 기운을 지닌 불은 하늘이 되고 음의 기운을 지닌 물은 땅이 되었다. 하늘과 땅이 자리를 잡고 나서 그 안에 나무가 피어나고 금속이 형성되었다.

음양의 조화가 땅에서 오행을 만드는 동안 하늘에는 금성金, 목성木, 수성水, 화성火, 토성土의 다섯 별이 형성되었다. 양의 기운인 불이 형성한 하늘과 음의 기운인 물이 이룬 땅의 불균형으로 하늘과 땅에 기의 순환이 이루어지기 시작했다. 그리고 봄, 여름, 가을, 겨울이 생겨나고 그 속에서 다양한 기상변화가 일어나기 시작했다.

오행은 물, 불, 나무, 쇠, 흙을 말한다. 그러나 이는 음양과 마찬가지로 구체적 사물을 지칭하는 게 아니라, 그것들 간의 관계와 그 사이의 상호작용을 강조한다. 오행은 서로를 낳는 상생常生을 이루는 동시에, 서로를 제압하는 상극相剋의 관계를 이루고 있다. 물은 식물의 자양분으로 나무를 낳고, 나무는 연료로 소비되어 불을 낳고, 불은 연소의 산물로 흙(재)을 낳고, 흙은 광석의 생장을 도와 쇠(금속)를 낳고, 쇠는 용해되어 물을 낳는다.

이와 동시에, 물은 불을 꺼뜨려 제압하며, 불은 쇠를 녹여서 제압하며, 쇠는 나무를 베어서 제압하며, 나무(농기구)는 흙을 파헤쳐 제압하며, 흙은 제방을 통해 물을 제압한다. 이렇게 오행 속에서 서로 모순되는 것처럼 보이는 두 요소는 직접적으로 대립하지 않고 서로가 서로를 조절하는 방식으로 평형을 이루어나간다.[9]

음양이 세계를 짝으로 인식하여 이해하는 것이라면, 오행은 세상에 존재하는 사물과 그 사물이 운동하는 질서를 다섯 가지로 분류해 이해하는 법칙이다. 동양에서는 이 순환의 원리를 통해 자연의 질서는 물론 인간사의 이치까지 이해하려 했다.

> "하늘에는 사계절과 오행이 있으니 생산하고 키우며 거두어들이고 저장한다. 이 때문에 추위, 더위, 건조, 습기, 바람이 생긴다. 사람은 오장五臟이 있는데, 그것이 다섯 기운으로 변하니 이 때문에 기쁨, 노함, 슬픔, 근심, 두려움이 생긴다."
>
> ―《황제내경》

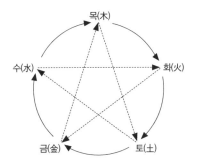

여기서 실선은 상생(相生)의 관계를, 점선은 상극(相剋)의 관계를 표시한다.

동양의 오행철학이 서양철학과 차별되는 것은 세계의 모든 존재를 변하지 않는 고정된 실체로 파악하지 않고, 끊임없이 변화하고 운동하는 기의 관계적인 어울림의 과정으로 보았다는 사실이다. 하나의 기가 둘의 음양으로 구분된다 하더라도 이는 두 가지 상반된 작용을 설명하는 것이지, 두 가지 독립된 개체나 물질을 설명하는 논리가 아니며, 이것은 모든 작용을 거친 뒤 다시 하나의 기로 수렴된다. 그러므로 음양오행론은 '나와 너', '주체와 객체'를 구분하여 개별적 사물을 인식하려 했던 서양의 '이원론'과는 완전히 다른 일원론적 세계관을 담고 있다.

> "이치로써 그것을 설명하자면 '도^道'라 할 수 있고, 숫자로써 그것을 설명하자면 '하나^一'라 하겠으며, 몸체로써 설명하자면 '무^無'라 할 수 있다. 만물이 열려 통하는 점에서 보자면 그것은 도이고, 미묘하여 예측할 수 없는 점에서 보자면 그것은 '신^神'이며, 계기에 따라 변화하는 점에서 보자면 그것은 '역^易'이다. 종합해서 보면, 이 모두는 '허무^{虛無}'라 하겠다."
>
> — 정현, 《주역》, 〈계사〉

동양의 대대성과
'사이'의 개념

빛과 그림자가 따로 존재할 수 없는 음양사상에서도 알 수 있듯, 동양에서는 사물과 사물이 서로 '마주보고 있다'고 전제한다.《주역》에서는 이를 '대대성對待性'이라고 말한다. 여기서 대대성이란, 이 세상 모든 사물이 홀로 존재할 수 없으며 상호 연결되어 있다는 뜻이다. 동양에서는 세계와 자연, 그리고 인간을 별개로 분리하지 않았다. 이러한 유기적 관념을 가장 체계적으로 보여주고 있는 우리나라의 대표적인 사상으로는 성리학의 '이기론理氣論'을 꼽을 수 있고, 종교사상으로는 동학과 불교가 있다.

성리학은 우주와 인간 사회의 존재, 운동을 '이'와 '기'의 개념으로 설명한다. 기가 모이고 흩어지는 것에 의해 우주만물은 생성하고 소멸한다. 한편 이는 만물생성의 근원이 되는 정신적 실재로서 기의 존재 근거이며, 동시에 우주만물의 기질에 내재하는 본연의 성품이 된다. 이러한 이기론의 철학사상과 연결되는 종교사상이 19세기 말, 한국 개화 초기에 태동한 동학이다. 당시 서양에서 들어온 천주교나 기독교가 신과 세계를 창조주와 피조물로 분리한 것과 달리, 동학은 하늘天과 땅地, 인人을 하나라고 보았다.

동학의 기본적인 세계관이 담겨 있는 '천지인天地人'이라는 단어를 살펴보자. 이 단어는 사람을 땅이나 하늘이 없이는 존재할 수 없는 존재로 규정하고 사람과 땅, 하늘을 대대적^{對待的}인 관계라고 설명한다. 사람이란 땅을 밟지 않고 존재할 수 없으며, 공기로 숨 쉬지 않고 존재할 수 없으므로 사람을 땅과 하늘로부터 따로 떼어서 생각할 수 없었던 것이다. 그러므로 동양에서는 사람이라는 개념 속에 사람이 존재할 수 있는 조건, 즉 환경과 맥락을 포함하고 있다. 이것은 서양에서 말하는 사람^{man}이 땅이나 하늘과의 관계를 전제하지 않은, 독립된 개별적 존재를 의미하는 것과는 매우 대조적이다.

이처럼 '대대성'이란 사물 간의 상호관계성을 표현하고 있다. 높은 것이 있으므로 낮은 것이 있고, 낮은 것이 있으므로 높은 것이 있다. 부인이 있으므로 남편이 있고, 남편이 있으므로 부인이 있다. 이러한 개념들은 상대가 없으면 나도 없다는 생각을 전제로 한다. 결국 동양철학에서는 우주의 모든 사물이 상대성을 전제로 존재하는 대대적 관계 속에 있다고 본다.

이러한 대대성을 잘 표현해주는 말 가운데 시간^{時間}, 공간^{空間}, 인간^{人間}과 같은 '간^間'의 개념이 있다. 동양에서는 시^時라는 단어에 굳이 간^間자를 추가해서 시간이라고 표현한다. 시간을 전^前과 후^後가 합쳐진 개념으로 인식했기 때문이다. 아무리 짧은 찰나의 순간이라도 시작과 끝이 있고, 이 시작과 끝은 대대적 관계를 이루고 있다고 믿었기 때문에 이를 '간'이라고 표현했다. 즉, 시간을 양적으로 구체화하여 인식했던 것이다.

그러나 서양에서는 사물을 '추상화^{抽象化, abstraction}'해서 표현하기 때문에 '간'의 개념이 발달하지 않았다. 서양인들은 모든 사물이 독립된 물체들의 결합이라고 믿기 때문에 쪼개고 또 쪼개면 더 이상 쪼갤 수 없는 본질적인 물체에 도달한다고 믿었고, 이것을 가장 기본 단위로 여겼다. 시간도 마찬가지다. 시간을 기본 단위들이 결합된 결과라고 생각했다. 시간을 쪼개고 쪼갠 시, 분, 초로 이루어진 최소 단위로서의 정확한 시점이 존재한다고 믿었으며, 이를 'time'이라고 불렀다. 그래서 time의 어원은 '나누다^{ti-: division}'라는 뜻을 담고 있다.

동양에서는 연도를 표시하기 위해 전통적으로 60간지^{干支}를 이용해왔다. 60간지란 10개의 천간^{天干}과 12개의 지지^{地支}를 차례로 결합한 것으로, 갑자^{甲子}, 을축^{乙丑}, 병인^{丙寅}, 계해^{癸亥} 등 총 60개로 이루어져 있다. 천간과 지지는 각각 다음과 같다.

천간 - 갑^甲, 을^乙, 병^丙, 정^丁, 무^戊, 기^己, 경^庚, 신^辛, 임^壬, 계^癸

지지 - 자^子, 축^丑, 인^寅, 묘^卯, 진^辰, 사^巳, 오^午, 미^未, 신^申, 유^酉, 술^戌, 해^亥

예를 들어, 서기 2000년은 경진년^{庚辰年}이었고, 그 다음해인 2001년은 신사년^{辛巳年}, 2002년은 임오년^{壬午年}이 된다. 이렇게 짝을 지어 보면, 2000년으로부터 60년이 지난 2060년은 다시 경진년이 되고, 이와 같이 같은 간지가 다시 돌아오는 것을 환갑^{還甲}이라 한다. 따라서 동양의 시간은 일정한 주기를 가지고 순환하는 원으로 표현된다.

동양의 시간관 – 순환적   서양의 시간관 – 직선적

그러나 서양의 경우, 아리스토텔레스에 따르면 지상의 운동은 직선운동이다. 서양인들이 예수 그리스도가 태어난 이후, 즉 서기^(기원후)로 연도를 계산하면서 시간은 직선으로 공식화되었다.[10]

공간도 마찬가지로 전후좌우의 네 방향이 합쳐져서 발생하는 대대적 개념이다. 좌 없는 우는 있을 수 없고, 아래 없는 위는 있을 수 없다. 공간은 사방^{四方}의 상호연결관계에서 생성된다. 공간에서도 강조되는 것은 그 사이^間를 가득 채우는 기의 흐름이다.

동양의 공간관은 '풍수지리^{風水地理}' 사상에서 잘 엿볼 수 있다. 동양에서는 예부터 집, 무덤, 건물, 도시 등을 지을 때 풍수지리가 중요한 역할을 했다. 풍수지리는 음양오행을 인간이 살아가는 자연환경의 풍토, 지력 등에 적용하여 해석한 것으로, 지형이나 날씨가 인간의 길흉화복을 결정한다고 보았다. 자연환경을 통해 그 사이에 흐르는 기의 성질을 미리 파악하여, 그것이 인간에게 미칠 영향을 예측했던 것이다.

　이러한 의미에서 보면 '인간人間'이라는 단어도 동양적인 인간관을 그대로 보여준다. 서양에서는 각각의 인간이 독립된 단위로서 존재한다고 믿지만, 동양에서는 기본적으로 인간이 상호작용 속에서 생성되는 개념이다. 인간은 태어날 때부터 누군가의 자녀로 시작해서 누군가의 형제 또는 친구, 남편 또는 부인, 상사, 부하 등 죽을 때까지 관계 속에서 살아간다. 이러한 관계 속에서 역할이 나오며 역할에 충실하게 사는 것이 바람직한 인간의 삶이라고 믿었다.

　동양에서는 남편과 부인을 하나의 단위로 묶는 '부부夫婦'라는 명칭이 따로 있다. 부부관계 속에서 남편은 한 개인이 아닌 부인의 남편으로서 충실히 역할을 수행해낼 것을 요구받는다. 아내도 마찬가지다. 동양인의 삶의 의미는 한 개인으로서보다는 남편, 부인, 형제, 친구 등 누군가와의 상호관계 속에서 생겨난다. 서로가 서로를 규정하는 존재로서 작용하는 것이다.

　부부관계는 남편이나 부인 혼자서는 얻을 수 없는 둘 간의 상호작용의 결과이다. 따라서 이 관계는 고정적인 것이 아니라 끊임없이 생성되고 변화되는 것으로 인식된다. 그래서 동양에서는 '~답게'라는 표현이 발달되어 있다. '남편은 남편답게', '부인은 부인답게', '학생은 학생답게' 등 '~답게' 행동하는 것이 바람직한 인간윤리로 여겨진다. 유교의 '오륜五倫'은 가장 대표적인 사상으로 인간관계 속에서 어떻게 사는 것이 '~답게' 사는 것인지를 알려주고 있다.

군신유의^{君臣有義} : 임금과 신하는 의가 있어야 한다.

부자유친^{父子有親} : 아버지와 아들은 친함이 있어야 한다.

부부유별^{夫婦有別} : 남편과 아내는 분별이 있어야 한다.

장유유서^{長幼有序} : 어른과 아이는 차례가 있어야 한다.

붕우유신^{朋友有信} : 벗과 벗은 믿음이 있어야 한다.

만약 모든 인간이 오륜에 맞게 산다면 그 사회는 질서와 조화가 유지될 것이다. 동양의 이러한 노력은 세상과의 연결관계 속에서 일체가 되는 상태를 지향하기 때문이라고 할 수 있다.

동양적 우주 모델

1) 기로 이루어진 물체는 허공과 분리, 독립되지 않고 서로 연결되어 있다.

2) 물체의 기는 우주의 기에서 기원하므로, 한 물체에 대한 인식은 우주에 대한 인식에서 출발해야 한다.

3) 기는 관찰하기보다는 경험을 통해, 머리로 분석하기보다는 몸으로 느껴 깨달을 수 있다.

서양적 우주 모델

1) 물체와 허공은 분리되어 있으며, 그 둘 사이에는 내재적 연관이 없다.

2) 허공은 다만 공간적 장소일 뿐이며, 물체만이 유일하게 중요하다.

3) 물체는 그 물체를 둘러싼 허공으로부터 분리, 독립시키
는 형식논리와 실험을 통해 인식할 수 있다.

02

서양,
분리하고
규정짓는
실체의
세계

서양인은 사물을 개별적으로 관찰하고 공통된 규칙성에 따라 분류하는 분석적 사고를 하고, 동양인은 전체의 연결성 속에서 개체를 바라보는 직관적 사고를 한다. 그래서 서양인은 모든 것을 명료하게 단순화하여 특징별로 구분 짓기를 좋아하고, 동양인은 맥락을 고려하기 때문에 모호함에 대해서도 열린 태도를 취한다.

풍선은
왜 날아간 것일까?

당신은 지금 풍선이 갑자기 위로 확 떠올라 날아가는 장면
을 보고 있다. 이 풍선에 어떤 일이 생긴 것이라고 생각하는가?

동양인들은 이 장면을 보고 "갑자기 바람이 불었다."고 대
답했다. 주변에서 부는 바람 때문이라고 생각한 것이다. 반면
같은 장면을 본 서양인들은 "풍선에 바람이 빠졌다"고 대답했
다. 풍선 내부의 힘에 주목한 것이다. 똑같은 풍선의 움직임을
보고도 동양인과 서양인은 전혀 다르게 이해했다.

풍선에 바람이 빠졌다고 말한 서양인　　주변에 바람이 불었다고 말한 동양인

왜 이런 차이가 나타나는 것일까?

서양인은 어떤 현상의 원인이 사물의 내부에 존재하는 '속성' 때문이라고 생각하는 반면, 동양인은 어떤 현상의 원인이 사물을 둘러싼 '상황' 때문이라고 생각한다. 외부에서 불어온 바람, 그것은 동양인이 일상 속에서 이해하고 있는 기의 다른 표현일지도 모른다. 풍선이라는 하나의 개체를 주변의 흐름에 따라 움직이는 존재로 파악한 것이다. 그리고 이는 모든 사물을 주변과의 연결관계 속에서 해석하려는 관계론적 세계관을 반영한다.

그러나 서양인들은 한 개체의 운동을 철저히 개별적 사물에 내재한 속성으로 설명하려 했다. '풍선에서 바람이 빠졌을 것'이라는 대답은 '외부에서 바람이 불어왔을 것'이라는 대답과는 정반대의 세계관을 보여준다. 풍선이 움직인 이유는 오로지 풍선의 내부에 존재한다는 가정을 바탕으로 한 존재론적 세계관을 드러내는 것이다.

바람은 풍선 안에 존재할 수도 있고, 풍선 밖에 존재할 수도 있다. 그러므로 두 설명 모두 틀린 대답이라고 할 수는 없다. 그러나 동양인과 서양인은 같은 현상을 놓고도 전혀 다르게 보

고 있었다. 어떤 것을 보는 방식이 다르다는 것은 그 사물에 대
한 생각이 다르다는 것을 의미한다.

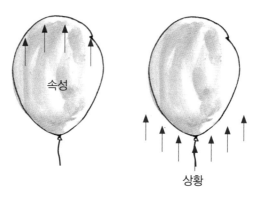

물체의 속성을 중심으로 생각하는 서양　　주변의 상황을 중심으로 생각하는 동양

더 이상 쪼갤 수 없는
최소 단위, 원자

예로부터 서양에서는 사물을 쪼개고 또 쪼개면 더 이상 쪼갤 수 없는 기본 물질이 나온다고 믿었다. 그리고 이를 '원자^{atom}'라고 불렀다. 원자의 어원은 '더 이상 쪼갤 수 없다^{uncut}'는 뜻을 담고 있다. 물질의 최소 단위인 이러한 원자는 영구불변한 존재로 간주된다.

고대 그리스의 철학자 데모크리토스는 이 원자들의 크기와 형태가 다르면 사물의 속성도 달라진다고 생각했다.

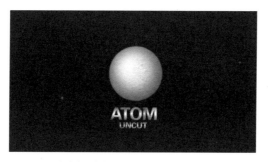

더 이상 쪼갤 수 없는 물질의 최소 단위, 원자

예를 들어, 물의 원자는 매끄럽고 둥글기 때문에 서로를 고정시키지 못하고 작은 공처럼 굴러다니는 반면, 쇠의 원자는 거칠고 울퉁불퉁하기 때문에 서로 맞물려 단단한 덩어리를 이룬다고 믿었다. 단맛을 내는 물질의 원자는 크고 둥근 모양의 원자로 이루어져 있고 짠맛을 내는 원자는 삼각형 모양이라고 생

각했다. 이와 같이 서양에는 모든 현상을 물질의 내부적인 속성
으로 설명하려는 오랜 전통이 있다.

데모크리토스가 생각했던 물 원자의 모습

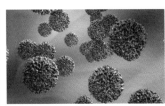

데모크리토스가 생각했던 철 원자의 모습

데모크리토스가 생각했던 소금 원자의 모습

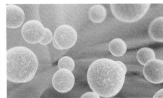

데모크리토스가 생각했던 설탕 원자의 모습

이렇게 서양인은 어떤 현상의 원인이 사물의 내부에 존재
하는 속성 때문이라고 생각하고, 동양인은 사물을 둘러싼 상황
때문이라고 생각한다. '원자가 운동할 수 있는 힘은 어디에서
오는가?' 하는 질문에 대해서도 데모크리토스는 원자의 내적
인 속성, 즉 무게 때문이라고 대답했다. 원자가 지닌 내부의 힘
이 원자의 운동을 가능하게 한다는 것이다. 아리스토텔레스 역
시 돌이 떨어지게 하는 중력이 돌 속에 내재되어 있는 힘이라
고 믿었다.

리처드 니스벳, 미시간대학교 심리학과 교수

아리스토텔레스의 물리학에서는 사물의 움직임을 순전히 사물 자체의 속성으로 설명합니다. 물에 돌을 떨어뜨리면 가라앉는데 이것은 돌에 중력이 내재되어 있기 때문이라고 설명하고 있습니다. 나무가 물에 뜨는 현상에 대해서도 나무에 부력이 내재되어 있다고 설명합니다.

물론, 근대물리학 이후 이 설명이 완전히 잘못되었다는 것이 밝혀졌습니다. 근대 이후에 와서야 중력은 물체 안에 내재한 것이 아니라 지구와 사물, 두 물체 간의 관계 속에서 작용하는 힘이라는 설명이 증명되었기 때문이지요. 하지만 서양과 달리 동양에서는 근대 이전부터 이런 사실을 선험적으로 이해하고 있었습니다.

지식 ✚
knowledge plus

텅 빈 허공 속 원자들이 이루는 세상, 원자론

데모크리토스(기원전 460~370 추정,
고대 그리스의 철학자)

"우리는 관습적으로 단 것은 달고 쓴 것은 쓰고 더운 것은 덥고 찬 것은 차다고 말한다. 그러나 실제로 존재하는 것은 '원자'와 '진공(void)'이다. 감각의 대상을 실재한다고 가정하고 관습적으로 그렇게 여기지만 사실은 그렇지 않다. 단지 원자와 진공만이 실재한다."

고대 그리스의 철학자 데모크리토스는 원자론을 맨 처음 생각해낸 사람이다. 그는 우주에 실재하는 것은 원자와 진공뿐이라고 주장했다. 물질의 성질이 저마다 다른 것은 그것을 구성하는 원자가 다르기 때문이라는 것이다.[11] 한편, 원자의 존재를 인정하게 되면서 꽉 찬 원자와 대비되는 텅 빈 무언가의 존재를 인정할 수밖에 없게 되었다. 그는 그것을 '진공'이라고 불렀다. 진공의 크기는 무한하며 그 속에서 원자들이 움직인다.

우리가 일상적으로 관찰하는 대상들의 변화는 이 원자들의 구성이 달라지면서 생겨난다. 한 대상을 구성하는 원자들의 배열이나 수에 따라 물질의 성질도 달라진다. 원자론에 의하면, 한 물체가 단단하거나 물렁물렁한 것은 그러한 성질이 실제

로 존재하는 것이 아니라 원자가 어떻게 배열되었느냐, 원자가 얼마나 운동을 활

발하게 하느냐에 따라 나타나는 성질이다. 물체가 뜨겁고 찬 것도 원자가 얼마나

활발하게 운동하느냐에 따라 달라지는 것이다. 따뜻하다, 차다는 느낌은 그 자체

로 존재하는 것이 아니라, 원자운동의 결과라는 것이다.

현대과학과 기술이 발달하면서 원자는 점점 더 작은 요소들로 쪼개지게 된다. 현

대물리학에서는 원자가 핵과 전자로 되어 있고, 그 핵이 다시 양성자와 중성자, 그

리고 양성자와 중성자는 다시 쿼크라는 더 기본적인 입자로 되어 있다는 것을 밝

혀냈다.

원자의 성질을 그것을 이루는 전자가 어떤 배열을 하고 있느냐로 설명하고, 원자핵

의 다양한 특성들을 다시 그것을 이루는 양성자와 중성자의 구조로부터 설명하며,

양성자나 중성자의 특성을 쿼크로 설명하려고 하는 현대과학자들의 노력 자체가

본질적으로 데모크리토스의 원자론에 그 전통을 두고 있는 셈이다.

이성을 통해 도달하는 진리,
이데아

우리가 하얀색이라고 부르는 것에는 매우 여러 종류가 있다. 서양에서는 이렇게 다양한 하얀색들에 공통적으로 일정한 속성이 존재한다고 믿었다. 그리고 그 공통적인 속성을 표현하기 위해서 명사형 접미사인 '~ness'를 붙여 개념화했다. 이를 우리말로는 '~인 것 자체'라는 표현으로 풀이할 수 있다.

이 세상에 존재하는 다양한 하얀색들은 모두 하나의 가장 순수한 하얀색, 즉 '화이트니스whiteness'에서 비롯된 것이라고 생각했다. 이 화이트니스는 하얀색의 본질로서 영원불변의 실체이며, 실제 이 세상의 다양한 하얀색들은 이 본질적인 화이트니스에서 파생되어나오는 그림자와도 같은 존재라는 것이다.

플라톤은 화이트니스와 같이 본질적인 존재를 '이데아idea'라고 불렀다. 플라톤 이후 서양인들은 사물을 이해할 때 '화이트니스'에서 다양한 '화이트'가 나오는 것처럼 만물을 '이데아'에서 '그림자'가 나오는 순서로 이해하기 시작했다.

눈앞에 꽃 한 송이가 있다. 꽃은 만질 수 있고 냄새를 맡을 수 있는 대상이지만, '한 송이' 즉, '하나'라는 개념은 보이거나 만질 수 있는 개념이 아니다. 그런데도 우리는 분명 그 꽃이 하나라는 것을 안다. 하나라는 개념은 우리의 신체감각으로 알 수 있는 것이 아니고, 오로지 우리가 가진 이성으로만 알 수 있다. 이데아란 이렇듯 순수하게 이성을 통해서만 도달할 수 있는 진

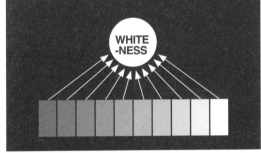

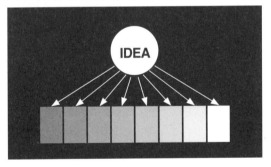

화이트니스는 하얀색의 본질이며, 이런 존재를 이데아라고 부른다.

리를 의미했다.

오늘날 우리는 일상에서 '아이디어idea'라는 말을 많이 쓴다. 그러나 원래는 이데아로 불렸으며 그 의미도 전혀 달랐다. 오늘날의 이데아는 한 인간의 머릿속에 들어있는 것, 마음속에 들어 있는 주관적 관념이라는 의미를 갖고 있다. 그러나 근대 초까지만 해도 이 말은 반드시 객관적인 대상과의 일치를 전제하는 개념이었다.[12]

지식➕
knowledge plus

플라톤의 이데아론

플라톤(기원전 427~347,
고대 그리스의 철학자)

"변화하는 것은 참된 존재가 아니다. 우리가 눈으로 보고 귀로 들을 수 있는 것, 다시 말해 우리가 감각을 통해서 경험하는 것은 존재의 참된 모습이 아니다. 참 존재와 참 지식은 변하는 것이 아니다. 그것은 언제 어디서나 동일성을 가지고 있어야 한다.

그렇다면 언제 어디서나 자기 동일성을 가진 참 존재는 도대체 어디에 있는가? 만약 그런 것이 있다면 우리는 그것을 어떻게 알 수 있다는 말인가? 시시각각 변화하는 이 모든 현실 너머에는 고정불변의 초월적 세계, '이데아'가 존재한다. 이데아는 육안으로 볼 수 없다. 그것은 눈으로 보는 세계가 아니라, 우리 마음에 있는 지성의 눈으로 보는 세계이다."

– 플라톤, 《파이돈》

불변의 개성,
정체성

플라톤이 제시한 고정불변의 이데아 개념은 서양인이 중요하게 생각하는 정체성identity이나 동일성의 개념과 맞닿아 있다. 정체성이란 모든 원자가 자신만의 독특한 속성을 가지고 있는 것처럼 사물이나 인간도 자신만의 고유한 속성을 가졌다는 것을 전제로 한 개념이다. 또한 서양철학의 가장 기본이 되는 '논리학logic'의 기초 개념이기도 하다.

"명제 'A는 A다.'는 누구나 인정하는 것이며, 그것은 최소한의 의심도 없이 인정된다. 그와 같이 의심할 여지없는 보편적 인정을 가지고 주장함으로써 우리는 자신에게 어떤 것을 단적으로 정립하는 능력을 부여한다. 나 안에 항상 같으며 항상 하나이고 동일한 어떤 것이 있다는 사실이 정립된다. 이 단적으로 정립된 필연적 연관은 다음과 같이 표현될 수 있다. 나=나, 나는 나다."
– 칸트,《전체지식론의 기초》

반면 동양철학의 가장 기본이 되는《주역》의 기본 개념 '역易'은 정체성과는 확실히 대조된다. 역은 항상 바뀌고 변한다는 뜻을 담고 있다.

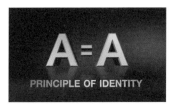

아리스토텔레스가 제시한 동일성의 원리
(Principle of identity)

《주역》에 제시된 변화의 원리
(Principle of change)

사철이 아름다운 금강산은 이름이 모두 네 개다. 계절에 따라 봄에는 금강산, 여름에는 봉래산, 가을에는 풍악산, 겨울에는 개골산으로 부르는 식이다. 하나의 산이 계절별로 다른 이름으로 불린다는 것은 고정불변의 정체성에 익숙한 서양인에게 매우 낯선 일이다.

그러나 고정된 정체성에 얽매이지 않고 변화를 인정하는 동양인에게는 자연스러운 일이다. 계절마다 전혀 다르게 보이므로 그에 따라서 다른 이름으로 불러주는 것이다. 동양인들은 계절별로 이름이 달라진다고 해서 그것이 다른 산이라고 생각하지 않는다. 이름과 상관없이 여전히 같은 금강산이라는 사실을 쉽게 받아들일 수 있다.

이것은 마치 얼음이 녹아서 물이 되고 물이 다시 수증기가 되는 것과 같다. 형태는 변하지만 본질은 같은 것이다. 구름이나 눈이 기본적으로는 물과 같은 물질이지만 온도에 따라 형태가 변하므로 이름이 달라지는 것과도 같은 이치다.

이처럼 동양인은 서로 다른 이름을 가진 만물이 근본적으로 같은 물질에서 나왔다는 것을 잘 이해하고 있다. 때문에 동

계절에 따라 다른 이름으로 불리는 금강산

양인은 모호함에 대해서도 매우 열린 태도를 취한다. 동양에서는 한 맥락에서는 옳은 것이 다른 맥락에서는 틀릴 수도 있다는 사실을 인정하고 받아들인다.

그러나 서양에서는 구분하고 분류하고 단순화하는 것을 좋아하기 때문에 동양인들이 흔히 쓰는 "글쎄, 상황에 따라 다르지 않을까?"와 같은 말을 인정하지 않고 잘 사용하지 않는다. 서양인은 모든 것을 명료하게 단순화하여 특징별로 구분 짓기를 좋아한다. 이런 특징이 지나치면 흑백논리로 발전하기 때문에 서양적 사고의 한계로 작용하기도 한다. 마찬가지로 지나치게 열린 태도는 비논리적이고 모호한 동양적 사고의 한계가 되기도 한다.

지식 ✚
knowledge plus

모호함을 인정하지 않는 논리학

아리스토텔레스가 남긴 업적 가운데 가장 위대한 것으로 꼽히는 것이 바로 '논리학'의 창시다. 논리학이라는 말은 훗날 스토아학파'가 붙인 말로, '생각'이라는 보이지도 않고 애매모호한 것을 언어와 기호로 분석하는 학문적인 증명 방법이다.

아리스토텔레스
(기원전 384~322,
고대 그리스의 철학자)

그의 논리학은 이론을 증명해보이기 위해 행동과 상태를 정의하는 범주를 정하여 상황을 명확히 한다. 이렇게 설명하면 모든 상황이 명확해지고 판단이 가능해지는데, 모든 판단은 확실성의 정도에 따라 달라진다.[13]

아리스토텔레스는 두 가지 판단(전제)을 종합하여 제3의 판단(결론)을 이끌어내는 '삼단 논법'을 만들어냈다.

〈삼단 논법의 예〉

모든 인간은 죽는다. – 대전제

소크라테스는 인간이다. – 소전제

따라서 소크라테스는 죽는다. – 결론

아리스토텔레스가 세운 논리학은 명확한 학문의 길을 열었고 오늘날 모든 학문에서 기초 중의 기초를 이룬다. 아리스토텔레스에 의해 확립된 논리학의 3대 기본원리는 다음과 같다.

1. 동일률(principle of identity)

"A는 A다."

어떠한 사물이라도, 또 어떤 상황 속에서라도 그것은 항상 같은 의미로 생각되어야 한다. 이것은 ①동일한 명사는 추리에 있어서 항상 동일한 개념을 나타내지 않으면 안 된다. ②명제가 참(眞) 또는 거짓(僞)으로 정해지는 이상 그것은 항상 참 또는 거짓이 아니면 안 된다는 의미로 해석되어 논리학의 근본 규칙이 되었다.

2. 모순율(principle of contradiction)

"A는 −A(非, not A)가 아니다."

A를 하나의 명제로 할 때 "A는 A가 아니다."라고 말하는 것은 앞뒤가 맞지 않는 말이며, A의 내용이 무엇이건 간에 그 말은 항상 옳지 않다. 따라서 "A는 A가 아닐 수 없다."는 항상 옳은 명제다. 즉, 이것은 논리적으로 진리다. 이 진리를 모순율이라고 한다. 이것은 "모순이 있는 것을 주장해서는 안 된다."라는 논리학의 근본 규칙이 되었다.

3. 배중률(principle of excluded middle)

"A는 B도 아니고, 또 B가 아닌 것도 아닐 수는 없다."

하나가 참이면 다른 하나는 거짓이고, 다른 하나가 참이면 하나는 거짓인 경우처럼 이것도 아니고 저것도 아닌 중간적 제3자는 인정되지 않는 논리법칙을 말한다.

인간을 해석하는 방식,
상황론 vs. 본성론

여기, 한 남자가 절규하고 있는 그림이 있다. "이 사람은 왜 이렇게 절규하고 있는가?" 하고 묻는다면 당신은 뭐라고 대답하겠는가?

동양인 : 주변 분위기가 음산하잖아요. 저 뒤에 걸어가는
남자 두 명이 이 사람에게 무슨 짓을 한 것 같은데요.

서양인 : 이 사람은 패닉 상태에 빠졌어요. 마음속으로부터
깊은 공포를 느끼고 있는 거예요. 정신적으로 불안한 사람인 것
같아요.

동양인들은 대체로 주변의 분위기와 상황을 중심으로 그
림 속 인물의 상태를 묘사했다. 그러나 서양인들은 인물의 감정
상태나 정신상태를 중심으로 설명하는 경향을 보였다. 동양인
들은 사람의 감정상태를 해석하는 데 있어서도 그 사람이 처한
환경과 맥락을 고려하지만 서양인들은 그것을 개인의 내적 본
성에서 찾으려고 하는 것이다.

어떤 사람이 친절하다면 영어로 보통 '카인드kind'라고 말
한다. 여기서 서양인들은 '카인드'가 그 사람 내면에 존재하는
'카인드니스kindness'에서 나오는 것이라고 생각한다. 마찬가지
로 어떤 사람이 무례하다면 영어로는 '루드rude'라고 표현하는
데 서양인들은 그 사람이 '루드니스rudeness'라는 속성을 가지고
있기 때문에 무례하다고 믿는다. 여기서 '카인드니스'나 '루드
니스'는 그 사람의 본질로 규정된다. 이렇듯 서양에서는 사람이
영원히 변하지 않는 일정한 본성을 가지고 있다고 믿는다.

타고난 본성을 믿는 서양인　　　　　상황에 따라 다르게 행동해야 한다고 믿는 동양인

　　그러나 동양에서는 사람이 처한 상황에 따라 친절할 수도 있고 무례하게 행동할 수도 있다고 생각한다. 대부분의 경우 동양에서는 사람의 친절함이나 무례함이 상대방과의 상호작용에 따라 결정된다고 믿기 때문이다.

　　'오는 말이 고와야, 가는 말이 곱다.'는 속담이 이러한 생각을 잘 표현하고 있다. 상대방이 내게 잘 대해주면 나도 친절한 사람이 되고 상대방이 잘 대해주지 않으면 나도 무례한 사람이 될 수 있다는 말이다. 덕분에 동양에서는 상황에 따라, 상대방에 따라 각기 다르게 행동하도록 하는 예절과 윤리규범이 서양에 비해 훨씬 더 발달했다.

　　동양인 : 난 채소를 좋아하고 고기는 별로 좋아하지 않아. 하지만 고기를 아주 안 먹는 것은 아니야. 혼자 먹을 땐 주로 채소를 먹지만 여럿이 같이 고기를 먹는 상황에서는 나도 고기를 먹어.

　　서양인 : 그게 무슨 말이야? 채식주의자면 채식주의자고 아니면 아닌 거지!

동양인들이 자주 쓰는 말 중에 "상황에 따라 다르다 It depends."라는 말이 있다. 동양인들은 자신을 다양한 상황에 맞춰 변화할 수 있는 존재로 인식한다. 하지만 서양인들은 어떤 상황에서도 변하지 않는 자기만의 고정된 정체성을 추구한다. 그래서 개별적 존재의 변하지 않는 본성을 소중하게 생각하는 것이다. 가족과 함께 있든, 학교에 있든, 직장에 있든 '어떤 상황에 있어도 나는 같은 사람'이라고 생각한다.

서양인에게 당신은 어떤 사람이냐고 물으면 "나는 키가 크고 미국인이고 수학을 잘한다."는 식의 변하지 않는 사실을 중심으로 대답한다. 하지만 동양인에게 물어보면 상황에 따라 다르다고 대답하는 경향이 크다. 가족과 함께 있을 때와 친구와 함께 있을 때, 직장에 있을 때의 행동과 성격이 제각각 다르다는 것이다.

동양인은 그때그때 상황에 맞춰 자신을 변화시키는 데 익숙하다. 그렇기 때문에 전체 상황을 이해하고 맥락을 파악하는 데 있어서 더 정확하다. 개인의 어떤 행동을 해석할 때 개인의 내적 요인뿐 아니라 사회적 지위나 역할 등 외적 요인도 함께 살핀다. 반면, 서양인들은 개인의 어떤 행동을 해석하는 데 있어서 신념, 태도, 가치관, 성격 등 개인의 내적 요소에 대해서 이야기한다. 그래서 동양인과 서양인은 타인의 행동을 해석할 때도 전혀 다른 관점을 보인다. 그리고 이것은 매우 큰 문화적 차이를 낳는다.

1991년 미국 아이오와주립대학에서 중국인 대학원생이 자신의 지도교수를 포함한 여러 명을 총으로 살해한 사건이 일어났다. 그런데 이 사건에 대한 언론의 보도내용이 동양과 서양이 서로 달랐다. 서양언론에서는 원인이 중국인 학생 개인의 비뚤어진 성격과 정신 건강상의 문제에 있었다고 보도했다. 기본 성격에 문제가 있었기 때문에 살인을 저질렀다는 것이다. 이에 반해 동양의 언론에서는 문제의 원인을 중국인 학생이 처한 상황 탓으로 보도했다. 지도교수와의 불화, 또는 학위취득 실패와 취업 실패로 인한 압박감, 그리고 총을 구하기 쉬운 미국의 상황 등이 문제의 원인이라는 것이다.

이 사건에 대한 동서양 사람들의 생각을 알아보기 위해 "만일 그 중국인 학생이 직장을 구했더라면 살인을 했을까?" 하고 질문을 해보았다. 그 결과 동양인들은 직장을 구했을 경우 살인을 하지 않았을 것이라고 대답했지만 서양인들은 직장과 관계없이 살인을 했을 것이라고 대답했다.

서양인들이 볼 때는 개인의 내적인 속성이 사건의 원인이다. 그리고 개인의 내적인 속성은 상황에 따라 변하는 것이 아니라 원래 타고나는 것이라고 믿는다. 이렇듯 특정한 사고가 나면 서양인들은 사고의 원인에 초점을 맞추지만 동양인들은 사고가 난 배경과 환경을 중요한 문제로 제기한다.

우리나라 언론도 특별한 사건이 발생하면 그 사람의 성장과정과 특징을 자세히 설명하고 이웃과 친구 등 주변인들의 평판, 교우관계 등 환경적 요소를 밝히는 것이 일반적이다. 뿐만 아니라, 개인의 범죄를 사회의 책임으로 돌리는 경향도 서양에 비해 동양이 훨씬 잦다.

동양속담에 이런 말이 있다. '붉은색을 가까이하면 붉어지고, 검은색을 가까이하면 검어진다.' 서양인들은 이런 개념을 받아들이기 어려워한다. 주변 환경으로부터 영향을 받아 변화한다는 것을 크게 신뢰하지 않기 때문이다. 반대로 서양에서는 '타고난 패배자born to be looser'라는 말이 있다. 태어날 때부터 패배자가 되는 사람이 따로 있다는 것이다. 마찬가지로 동양인은 이런 개념을 이해하지 못한다. 동양에서는 인간을 주변 환경에 맞춰 끊임없이 변화하는 존재로 보기 때문이다.

동양에서는 법이나 원칙을 적용할 때 개인이 처한 상황을 고려하거나 정상참작을 많이 한다. 반면 서양에서는 동양에 비해 훨씬 더 엄격하게, 예외 없이 법이나 원칙을 적용한다. 그래서 동양에서는 원칙적용에 있어서 융통성이 있는 것이 장점이 되기도 하지만, 지나칠 경우 오히려 원칙이 없는 것으로 느껴지기도 한다. 반면 서양은 원칙이 분명하다는 것이 장점이 될 수 있지만, 이것이 지나칠 경우 융통성이 없는 것으로 비쳐 단점으로 작용할 수도 있다.

사물을 분류하는 방식,
유사성 vs. 규칙성

여기에 작은 꽃 그림이 있다. 위의 꽃은 아래의 그림에 보이는 A그룹과 B그룹 중 어느 그룹에 속할까?

"A그룹이요."

"A요. 둥근 꽃잎들이 비슷하잖아요."

"B에 속할 것 같아요."

"B그룹이요."

흥미롭게도 한국과 중국, 일본에 사는 동양인들은 A그룹이라고 대답하는 경우가 많았다. 반면 미국, 캐나다, 영국에 사는 서양인들은 B그룹이라고 대답하는 경우가 많았다. 왜 이런 차이가 생기는 것일까? 정말 동양인과 서양인은 서로 다른 방식으로 세상을 보는 것일까?

동양인들이 A그룹을 선택한 이유는 그림을 볼 때 전체적으로 외형상 비슷해보이는 그림을 선택하기 때문이다. 기준이 되는 꽃을 볼 때 동양인의 눈에 가장 먼저 띄는 것은 커다란 꽃망울과 둥글게 생긴 꽃잎들이다. A그룹과 B그룹의 그림을 비교해보면 A그룹의 꽃들은 대부분 둥글게 생긴 꽃잎을 갖고 있다. 이에 반해, B그룹의 꽃들은 대부분 뾰족하게 생긴 꽃잎을 갖고 있다. 때문에 동양인에게는 A그룹이 기준이 되는 꽃과 더 비슷해보이는 것이다.

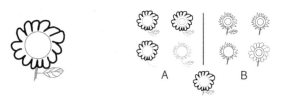

유사성을 기준으로 판단하는 동양인

그러나 서양인들은 동양인과는 전혀 다른 관점에서 이 그림을 본다. 동양인들이 전체적인 인상으로 '유사성'을 판단하는데 비해, 서양인들은 각 꽃들을 하나씩 살피면서 꽃을 구성하고 있는 '규칙성'을 찾아내려고 노력한다. 서양인들은 먼저 기준이 되는 꽃을 보면서 꽃을 꽃잎, 줄기, 잎 등 각각의 부분으로 나눈 다음 각 부분을 A그룹과 B그룹의 그림들과 비교한다.

꽃잎을 기준으로 봤을 때 A그룹은 네 번째 꽃 하나가 뾰족하므로 기준 꽃과 유사하다는 규칙이 성립되지 않는다. 그러나 줄기를 비교했을 때 기준이 되는 꽃의 줄기가 모두 직선으로 되어 있는 B그룹과는 예외 없이 유사하다는 규칙이 성립된다. 따라서 서양인들은 규칙성에 기초해 B그룹을 선택했다. 우리가 별 생각없이 하는 무의식적인 판단조차 사실은 문화로부터 영향을 받아 전혀 다른 과정을 거쳐 이루어지고 있는 것이다.

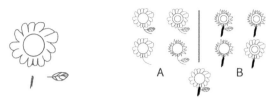

사물을 볼 때
보는 눈부터 다르다

다음의 사진을 관찰해보자. 사진을 관찰하는 동안 당신의 눈동자는 어떻게 움직이고 있을까? 사진을 관찰하는 동안 당신의 뇌 안에서는 어떤 작용이 일어나고 있을까? 사진 속의 대상을 바라볼 때 역시 동양인과 서양인의 눈동자는 다르게 움직이고, 뇌 안에서도 각기 다른 작용이 일어난다.

동양인의 눈동자는 그림 전체를 골고루 훑는다. 그리고 동양인의 뇌는 전체 그림을 하나의 물체로 인식한다. 그러나 서양인의 눈동자는 사진 속의 중심물체인 코끼리만을 집중적으로 응시한다. 그리고 사진 속의 물체를 개별적으로 분리해서 본다. 즉, 사진을 볼 때 동양인은 주인공인 코끼리와 배경이 되는 초원, 산, 하늘 등을 한 덩어리로 인식하지만 서양인은 배경으로부터 코끼리를 분리시켜 개체로 인식하는 것이다.

동양과 서양의 문화적 차이는 각 문화 사람들의 시각능력
과 지각능력의 패턴도 바꿔놓을 만큼 강력한 것일까?

그림을 통째로 보는 동양인

중심사물만을 분리해서 보는 서양인

데니스 파크, 일리노이대학교 심리학과 교수

동양인과 서양인에게 다양한 대상이 제시된 그림을 바라보게 했
습니다. 그리고 '기능성 핵자기공명 단층촬영(FMRI)' 장비로 뇌
를 분석하면서 뇌신경의 다양한 부분들이 활성화되는 정도를 측
정했습니다. 우리의 머리 뒤쪽에는 주로 인지와 관련된 기능을
하는 부분이 있는데 이 영역에서 사물의 모양이나 형태에 대한
해석이 일어납니다. 측정 결과, 사진을 볼 때 동양인의 뇌는 전체
그림을 하나의 물체로 인식한다는 것을 알 수 있었습니다. 전체
그림 속에서 특정 대상을 구분해내는 영역이 활성화되지 않았던

것이죠.

반면 서양인의 경우, 뇌의 뒤쪽에 위치한 사물에 대한 인지처리 작용을 담당하는 영역이 동양인보다 더 활성화되는 것을 발견할 수 있었습니다. 그림을 보는 순간 그림 속의 특정 대상을 파악하기 위해 이 영역을 활성화시킵니다. 이 영역에서 사물을 배경으로부터 분리시켜 개별적으로 구분하고 파악하는 기능을 하는 것이죠. 이 실험을 통해 서양인의 뇌는 각각의 사물을 개별적으로 인식하는 데 동양인보다 더 익숙하다는 사실을 알 수 있습니다.

분리하는 힘,
이성

엠페도클레스
(기원전 490~430,
고대 그리스 철학자)

고대 그리스의 철학자들은 저마다 세상을 이루는 기본 원소를 분석해내려고 시도했다. 탈레스는 세상만물의 근원을 물로, 아낙시메네스는 공기로 보았다. 헤라클레이토스는 불이 가진 대립, 충돌, 조화의 성질을 이용해 세상을 설명하려 했고 엠페도클레스는 물, 공기, 불, 흙 등의 4원소를 세상의 근원으로 보았다.

엠페도클레스에 따르면 이 네 가지 원소들은 새로 생성되지도, 소멸하거나 변화하지도 않는 원초적이고 궁극적인 입자들이다. 그의 철학에서는 세상의 뿌리인 4원소가 합쳐지거나 흩어지면서 존재가 생겨나고 사라진다. 원소 자체는 그대로 있으면서 통합과 분리, 다시 말해 사랑과 미움을 통해 세계를 만들어간다는 것이다.[14]

"죽을 운명의 모든 것들 가운데 어느 것에도 탄생이란 없으며 또 소멸도 없다네. 단지 혼합mixis과 분리diallaxis만이 있을 뿐. 탄생이란 사람들이 이것들에 붙인 이름일 뿐이다."

– 엠페도클레스

분석(analysis)이라는 단어의 어원은 '분리한다'는 뜻에서 왔다.

사물을 개별적으로 관찰하고 공통된 규칙성에 따라 분류하는 것을 우리는 '분석적 사고'라고 이야기한다. 분석을 통해 혼란스러운 것, 복잡한 것을 면밀하게 나누어 명료한 것, 간명한 것, 본질적인 것을 발견해낼 수 있다.

서양인들은 사물을 분석적으로 바라본다. 그런데 사물의 규칙을 알아내기 위해서는 먼저 그 사물을 이루고 있는 구성요소를 분리해서 볼 필요가 있다. '분석'이라는 영어 단어의 어원도 '분리한다'는 뜻에서 왔다. 사물의 각 구성요소를 분리해서 바라보는 서양인의 이 같은 분석적 특징은 서양인의 사고방식을 이해하는 데 매우 중요한 요소다.

분석적 사유
1. 한 사물에서 더 이상 나눌 수 없는 요소들을 찾아낸다.
2. 그 요소들이 어떻게 조합되었기에 그 사물이 그렇게 존재하는지를 밝혀낸다.

$$2H_2 + O_2 \rightarrow 2H_2O$$

수소와 산소가 결합하면 물이 된다. 그렇게 새롭게 탄생한 물은 형태, 맛, 감촉, 색깔, 냄새 등 그 성질이 수소나 산소와는 전혀 다른 물질이다. 그러나 서양과학에서는 분석을 통해, 여전히 그 속에 각자 고유의 성질을 갖는 수소 원자와 산소 원자가 들어 있다는 사실을 발견해냈다. 서양인들은 이렇

게 변화하는 현상 세계 속에서도 변화하지 않는 것만이 실재하는 세계라고 믿었다.[15]

분석적 사고는 서양과학, 나아가 모든 학문의 기본을 이룬다. 물리학자와 화학자들은 물질을 분석해서 '~자子(원자, 분자)'와 '~소素(원소)'를 발견해내고, 생물학자들은 기관, 조직 등을 거쳐 '~포胞(세포)'의 차원까지 내려간다. 언어학자들은 언어를 분석하고, 경제학자들은 경제현상을 분석하고, 사회학자들은 사회현상을 분석한다. 이렇게 끝없이 작은 세계로 쪼개고 쪼개어 내려가는 과정을 통해 발견한 요소들로 전체 세계를 설명하려는 것이 분석적 사고의 전형이다.

이와 같은 분석적 사고는 서양문화 곳곳에서 발견할 수 있다. 고대 그리스인들은 대상의 아름다움이 그것의 '형식form'에서 나온다고 믿었다. 형식이란 한 사물의 각 부분을 명료하게 구분할 때 생겨나는 것이다. 나눠진 부분들의 크기가 숫자로 정해지면서 각 부분의 관계, 즉 '비례ratio'가 생겨난다. 음악의 아름다움은 음정 사이의 수량관계인 화음을 기본으로 하고, 인체의 미美도 머리, 몸통, 팔, 다리와 같은 각 부분의 비례에 달려 있다는 인식이 이때부터 생겨나게 된다. 그 결과 조각상 하나를 만들 때에도 그들이 발견한 최고의 형식인 '황금률golden ratio'에 맞게 만들었다.

"형식이 곧 실체다." - 아리스토텔레스

황금비례   비례 = 이성

　사물의 비례를 발견하기 위해서는 사물을 분석적으로 보는 능력이 필요하다. 그리고 인간에게 주어진 이 능력을 다른 말로 하면 바로 '이성'이다. 이성을 뜻하는 영어 단어 'reason'의 어원은 바로 비례^{ratio}에서 비롯됐다. 사물을 분리하고 해석하여 규칙성을 발견하는 능력이 바로 이성이다. 서양에서는 이 이성의 기능을 매우 중시한다.

지식+
knowledge plus

데카르트의 합리주의

"어려운 문제를 보다 쉽게 해결하려면, 이를 여러 개의 개별 문제로 분석해야

한다."

– 《방법서설》, 방법론 4대원칙 2조

"복합적인 사물들로부터 가장 단순한 것들을 구분해내기 위해서는, 또 그것

들을 순서에 따라 탐구하기 위해서는, 어떤 것이 가장 단순한 것인지, 그리고

다른 모든 것들이 그것으로부터 얼마나 떨어져 있는지를 파악해야 한다."

– 《정신 지도를 위한 규칙들》, 규칙6

서양 근대철학의 아버지라 불리는 데카르트는 분석적 사고를 강조함으로써 근대

데카르트 (1596~1650,
프랑스의 철학자, 수학자,
물리학자, 생리학자)

'합리주의(rationalism)' 세계를 열게 된다. 합리주의는
플라톤의 이데아론을 이어받아 현상 너머의 실재를 발
견하고자 한다. 합리주의가 도달하고자 하는 실재의 세
계는 플라톤의 이데아처럼 눈으로 보거나 귀로 듣거나
손으로 만질 수 있는 감각의 세계가 아니다. 그것은 현
실을 초월해 존재하는 영원불변의 세계, 사유를 통해
도달할 수 있는 추상화된 관념의 세계다. 그곳에 도달

할 수 있는 사유능력이 곧, 이성인 셈이다.[6]

    "나는 생각한다. 고로 나는 존재한다(Cogito ergo sum)."

현실을 초월한 이데아의 세계에 도달할 수 있는 이성은 결국 그 대상을 현실로부터 분리하여 따로 떼어놓고 생각할 수 있는 사유능력을 의미했다. 데카르트가 제시한 '코기토(cogito)'라는 개념은 곧 현상세계로부터 관념세계를 분리할 수 있는 이성적 사유 주체다. 그러므로 '나는 생각한다.'라는 유명한 명제는 '나는 분석, 분리한다.'는 의미를 내포하는 것이라고 할 수 있다.

붓과 펜이 그리는
각기 다른 세상

잉크로 찍은, 작은 점들이 모여 큰 형상을 이루고 있는 그림을 보여주고 뭐가 보이는지를 물었다. 서양인들은 작은 점 하나를 가리키며 점이 보인다고 대답했다. 동양인은 그림 전체를 가리키며 점들이 이루고 있는 전체 형상이 보인다고 대답했다. 서양인은 나무를 보고 동양인은 숲을 보는 셈이다.

숲이 있다. 그리고 그 숲에는 나무들이 있다. 숲의 모습을 그대로 관조하는 것을 '직관적 방법'이라고 한다. 이때 숲을 이루는 각 사물의 개체성은 불분명하다. 반대로 숲의 나무를 하나하나 분석하여 숲에 이르는 것을 '분석적 방법'이라고 한다. 이때 숲을 이루는 각 사물의 개체성은 매우 분명하다. 직관적 방법은 전체의 연결성 속에서 개체를 바라본다. 분석적 방법은 각 부분들을 통해 전체 숲을 그리는 방식이다. 이렇게 세상을 인식하는 데 있어 동양은 직관적이고 서양은 분석적이다.

직관은 판단, 추론 등의 매개 없이 대상을 직접 인식하는 작용, 또는 그 결과로 얻은 내용을 말한다. 그리고 분석은 복합된 사물을 그 요소나 성질에 따라 가르거나 화학적, 물리적 방법으로 물질의 원소를 분해하는 일을 말한다. 대체로 동양인은 직관적 능력이 발달했고 서양인은 분석적 능력이 발달했다.

▲▲ 서양의 필기구, 펜
▲ 동양의 필기구, 붓

붓은 동양을 대표하는 필기구이고 펜은 서양을 대표하는 필기구이다. 붓은 끝이 부드럽고 뭉뚝하여 농담濃淡 표현에 적합하고 펜은 끝이 뾰족하고 딱딱하여 정밀하게 선을 표현하는 데 적합하다.

사물 간의 경계를 의식하지 않고 전체를 하나로 꿰뚫어 볼 수 있는 직관을 중시했던 동양에서는 붓이 발달하고, 사물의 경계를 분명하고 세밀하게 구분하여 분석하는 것을 중시했던 서양에서 펜이 발달했다는 사실, 그것은 결코 우연이 아닐 것이다.

지식 +
knowledge plus

동양예술에 녹아 있는 직관

예로부터 동양에서는 문학에서 시가 발달하고, 회화에서 여백이 발달하는 등 꽉 채우기보다는 비움의 미를 추구해왔다. 비움의 미, 즉 '여백의 미'를 잘 살리기 위해서는 사물이나 현상을 눈에 보이는 대로 다 옮기는 것이 아니라, 그 속에 숨어 있는 본질을 꿰뚫어 핵심만 남기고 나머지는 '생략'할 수 있어야 한다. 다시 말해, 세상을 직관적으로 이해할 수 있으면, 한두 번의 붓질만으로도 세상의 본질을 표현할 수 있는 경지에 오른다고 보았던 것이다.

> "붓질 한두 번으로 상(像)이 나타난다. 활짝 핀 꽃을 점 몇 개로 그리니, 때론 뭔가 부족한 듯도 하다. 하지만 붓질이 주밀하지 않아도 뜻은 다 갖춰져 있다."
>
> – 《역대명화기》

중국 문인화의 최고봉이라고 불리는 팔대산인의 〈묘석도〉에는 그림을 설명하는 아무런 글이 없다. 그림에는 다만 두 마리의 고양이가 바위의 위, 아래로 웅크리고 있을 뿐이다. 재미있는 것은 고양이의 등선이 바위의 곡선과 하나로 연결되어 있다는 사실이다. 서로 다른 존재이지만, 그들 사이를 구분하는 '경계선'이 존재하지 않는다. 각각은 전체 속에서 하나가 되어 존재한다. 이처럼 동양에서는 어떤 뜻이나 본질을 전달하기 위해 각 사물의 부분을 나누고 구분 짓기보다는 전체 속에서 관망하며 통합하는 가운데 본질을 찾는 태도를 취했다.[17]

한자문화권에서 서예는 문학, 회화와 더불어 독립된 예술로 향유되어 왔다. 서예 역시 고도의 직관을 요구하는 장르다. 서예에서는 점, 가로획, 세로획, 삐침을 통해 작가가 자신의 감정을 이입한다. 동양의 서예가들은 각각의 필획 속에서 사물과 사물이 상통하는 우주의 성질을 구현하고자 했다. 가만히 앉아 정신을 집중하고 생각을 멀리 보내, 사물과 은연중에 소통하는 것이 예술의 최고 경지였다.

팔대산인의 〈묘석도〉

"가로획은 천리에 진을 친 구름과 같다. 보일 듯 말 듯 은은하지만 실제로는 형체가 있는 것이다. 점획은 높은 봉우리에서 돌이 떨어지는 형세와 같다. 돌들이 서로 부딪혀 소리를 내는데 실제로 산이 무너지는 것 같다."

– 《필진도》

자연을 분석한 정리체계,
과학

서양인의 관점에서 볼 때, 모든 사물은 각각 독립적인 개체
들이다. 그리고 세상은 독립된 개체들의 집합이라고 생각한다.
이렇게 세상을 개체들의 집합으로 바라볼 때 발생하는 가장 큰
문제는 개체들이 너무 다양해서 일일이 이름을 붙이기가 어렵
다는 점이다. 이 문제를 해결하기 위해 서양인들이 선택한 방법
은 분석적 방법, 즉 속성이 비슷한 것들끼리 분류를 하는 것이
었다.

서양에서는 나무는 나무끼리 꽃은 꽃끼리 분류해서 자연을 연구한다.

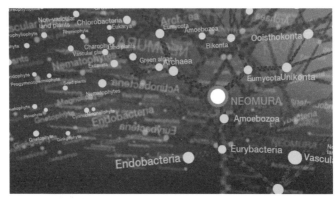

과학 = 분리하다

서양인은 사물을 관찰한 다음, 공통된 속성을 가진 것들끼리 분류를 한다. 그리고 각 유형별로 이름을 붙임으로써 복잡한 사물의 체계를 정리한다. 서양과학에서 생물을 연구하기 위해 '종속과목강문계界種屬科目綱門界'와 같은 분류체계를 만들어낸 것도 이러한 분석적 사고를 잘 보여주는 사례라고 할 수 있다. 이러한 방식으로 축적된 지식은 과학의 발달을 가능하게 했다. 과학을 의미하는 영어 단어 'science' 역시 '나누다, 분리하다sceadan, separate'라는 뜻을 갖고 있다. 그만큼 서양인에게는 분리의 능력이 중요한 것이다.

직선적으로 구별하는 방식이 발달한 서양에서는 항목 나누기를 좋아하고 논리적으로 시시비비를 가리는 태도가 일반화되어 있다. 반대로 동양에서는 분류나 논리에 큰 의미를 부여하지 않았다. 인도의 시인 타고르는 서양문화와 동양문화의 차이점을 각각 양옥洋屋과 산에 비유해서 설명한 바 있다. 양옥은 평수만 정해지면 그것을 짓는 데 필요한 벽돌 등 모든 건축 자재의 양을 숫자로 일목요연하게 알 수 있다. 실제로 서양문화는 이러한 생각의 바탕에서 이루어진다. 모든 것이 정량적으로 측정이 가능하고 질서정연하다는 것이다.

"혼돈 속에 놓여 있는 사물들은
분리되고 구별되어야 한다 "
- 토마스 홉스, 리바이어던

반면 동양문화를 상징하는 산의 경우, 멀리서 보면 아주 무질서하게 보인다. 그 속에 나무가 몇 그루 있는지, 어떤 동물이 몇 마리 살고 있는지 종잡을 수 없다. 그렇지만 산에도 나름의 질서는 있다. 산에 올라가 보면 송이버섯 나는 데, 산삼 나는 데, 옹달샘 솟는 데가 다 따로 있다. 산의 높이에 따라 자라는 식물이나 동물도 다르다. 이렇게 언뜻 보면 질서가 없는 것처럼 보여도 자세히 뜯어보면 나름대로의 법칙이 있다. 타고르는 이러한 무질서 속의 질서를 동양문화의 특징이라고 보았다.

지식+
knowledge plus

기계론적 자연관과 유기체적 자연관

데카르트는 "나는 생각한다, 고로 나는 존재한다."라는 유명한 명제를 통해 '인간이 사유하는 동안만 존재하고, 사유를 멈추자마자 존재하는 것을 멈춘다.'고 설명한 바 있다. '나는 생각한다.'에서 출발해, 그 생각이 일어나는 본질로서의 정신작용을 육체로부터 분리한 것이다.[18]

근대 초, 이러한 분리는 큰 의미를 갖는 것이었다. 마음과 육체의 분리, 정신과 물질의 분리, 자연과 인간의 분리, 이성과 비이성의 분리와 같은 이원론을 통해, 인간은 이성의 정신을 지닌 '주체'가 되고, 자연은 시계태엽처럼 기계적으로 운동하는 '대상'으로 탐구된다. 이렇게 해서 데카르트의 이원론적 합리주의는 인간에게 자유를 부여하고, 근대과학의 발전을 가져왔으며 근대서양을 관철하는 원리가 되었다. 또한 사상, 정치, 과학, 기술 등의 폭넓은 분야에 걸쳐서 큰 혁신을 가져오는 데 기여하기도 했다.[19]

하지만 이러한 '기계론적(mechanistic)' 자연관은 인간이 이성을 이용해 자연을 정복하고 이용하는 일을 정당화하는 부작용을 낳았다. 인간 이성과 자연과학이 절대화되면서, 자연은 무분별하게 개발되고 파괴되었다. 또, 복잡한 자연현상을 단순하고 일반적인 인과법칙으로 환원시키는 과정에서 자연현상이 지니고 있는 다양하고도 복합적인 현상들을 무시함으로써 자연과 생명의 본래 가치를 경시하는 문제도 낳게 되었다.

오늘날 환경문제에서 나타나듯이 과학기술의 발전이 생태계 전체에 파멸의 위기를 가져올 수 있다는 우려가 확산되면서 기계론적 자연관에 대한 반성과 비판이 점차 높아지고 있다. 그리고 자연과 세계를 독립적으로 존재하는 입자들의 집합이 아닌, 상호 의존적인 관계의 총체로 보아야 한다는 동양의 '유기체적(organic)' 자연관이 새롭게 대안으로 강조되고 있다.

유기체적 자연관

1. 영원불변하는 실체와 같은 것은 존재하지 않고 모든 것은 변화과정 속에 있다.

2. 관찰자와 관찰대상은 하나의 유기적 관계에 놓여 있으므로 결코 분리될 수 없다.

3. 모든 것은 관계성 속에서 드러나며, 통합된 전체 속에서 발생한다.

생각의 도구,
말

말을 많이 하는 것이 일을 하는 데 도움이 될까, 아니면 방해가 될까? 말을 하면서 문제를 풀 때와 말없이 풀 때 성적에 차이가 있을까?

실험결과, 동양인들은 말을 하는 것이 문제를 푸는 데 방해가 되었고 서양인들은 오히려 도움이 되었다. 서양인에게 사고작용과 언어작용은 동시에 일어난다. 그래서 사고작용은 곧 언어작용과 같은 의미로 해석된다.

서양인들은 생각이 언어화되어 머릿속에 떠오르기 때문에 생각과 동시에 말하는 것을 잘한다. 그러므로 말을 잘한다는 것은 사고능력이 뛰어난 것으로 여겨진다. 예로부터 서양에서 수사학이 발달하고 말을 잘하는 것을 미덕으로 생각해온 것도 이 때문이다. 그러나 동양에서는 말을 많이 하는 사람을 신뢰하지 않는 전통이 있다.

서양인은 말을 하며 문제를 푸는 것이 도움이 되었고, 동양인은 그렇지 않았다.

헤이즐 마커스, 스탠포드대학교 심리학과 교수

퍼즐을 맞추는 과제를 주고 한 그룹에게는 말없이 맞추게 했고,
다른 그룹에게는 자기가 하고 있는 행동을 말로 묘사하며 맞추게
했습니다. 서양인의 경우 "이제 줄무늬랑 원이 있는 사각형을 찾
아야겠네." 하는 식으로 생각을 일일이 말하면서 퍼즐을 맞추게
했을 때, 말없이 맞추게 했을 때보다 과제를 더 잘 해냈습니다. 말
이 사고를 촉진하는 기능을 한 셈이죠.

하지만 동양인의 경우는 정반대였습니다. 동양인은 조용히 풀게
했을 때는 아주 잘 해냈지만, 생각을 말하면서 맞추게 했을 때는
능률이 크게 떨어졌습니다. 말이 과제를 푸는 데 방해가 되었던
것이죠. 말과 사고의 작용에 있어서도 동서양의 차이가 분명하다
는 것을 드러내준 실험이었습니다."

　　이러한 동서양의 전통은 현대에까지 쭉 이어지고 있다. 동
서양의 어린이 교육현장을 비교해보면, 서양에서는 활발하게 자
기의견을 표현하고 토론하는 것을 장려하고 동양에서는 차분하
고 조용한 학습 분위기를 장려한다는 것을 알 수 있다. 자기의견
을 표현하는 데 적극적이지 않으면 서양에서는 '발표력이 떨어
진다.', '아는 것이 없다.'는 식의 부정적인 평가를 내린다.

　　반대로 동양인들은 어려서부터 충분히 생각한 후 말하도
록 가르침을 받는다. 또 지나치게 말이 많거나 자기주장이 강하
면 '주의가 산만하다.', '고집이 세다.'는 식의 부정적인 평가를
내린다. 결국 같은 성향을 가진 아이가 어느 문화에 있느냐에

〈아테네 학당〉 – 서양의 진리탐구는 토론을 통해 이루어진다.

따라 상반된 평가를 받을 수 있는 것이다.

이 때문에 동양에서 서양으로 유학을 떠난 학생들이 종종 어려움을 겪기도 한다. 수업을 조용히 경청하고 생각을 정리하는 데 익숙한 동양인 학생들에게 발표와 토론으로만 진행되는 서양식 수업방식은 적응하는 데 시간이 필요한 문화적 차이로 다가온다.

말 많은 사람을 실속 없는 사람이라고 부르는 동양의 문화와 말 잘하는 사람을 능력 있는 사람이라고 부르는 서양문화 간의 일상적인 오해는 지금도 매일 일어나고 있다. 만약 서로가 상대문화의 근본적인 차이를 이해하게 된다면 오해를 크게 줄일 수 있을 것이다.

헤이즐 마커스, 스탠포드대학교 심리학과 교수

한국에는 '빈 수레가 요란하다.'라는 속담이 있다고 하더군요. 말
이 너무 많으면 그만큼 생각은 깊지 않다는 뜻이죠. 또 일본에는
'입은 불행의 원천이다.'라는 속담이 있어요. 동양에서는 말에 대
해 부정적인 관점을 갖고 있다는 걸 알 수 있죠.
동양인들은 진짜 많이 아는 사람은 말을 많이 하지 않는 사람이
라고 생각합니다. 미국인은 정반대로 생각하죠. 미국에서는 자기
가 아는 것에 대해 안다고 말하지 않으면 다른 사람들이 알아주
지 않기 때문에 많이 알수록 많이 말해야 합니다.

서양인들은 언어를 통해 사물을 인식하고, 언어를 통해 생
각을 전개해나간다. 예를 들어, 파이프가 있다고 해보자. 대상을
바라보는 순간 서양인은 머릿속에 파이프라는 단어를 떠올리
면서 대상을 인식한다. 서양의 초현실주의 작가 르네 마그리트
의 유명한 작품 〈이것은 파이프가 아니다 Ceci n'est pas une pipe〉가
서양인들에게 큰 반향을 일으킬 수 있었던 것은 말과 사물에
대한 서양인들의 기존 인식을 깨뜨렸기 때문이었다.

"말하는 사람은 말하기에 앞서 생각하지 않으며 말하는
동안에도 생각하지 않는다. 말하는 사람의 말이 생각 자체인
것이다."

– 메를로 퐁티,《지각의 현상학》

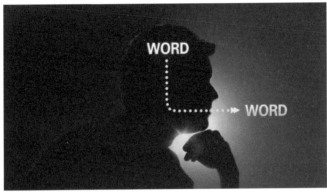

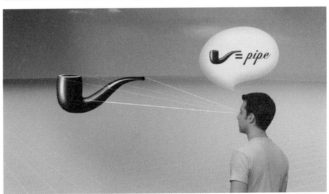

서양인은 언어를 통해 사물을 인식한다.

서양과는 달리 동양에서는 언어란 의미를 전달하기 위한 수단일 뿐 목적이 아니라고 생각해왔다. 장자는 '득의망언得意忘言', 즉 뜻을 얻었으면 언어는 잊으라고 가르쳤다. 공자 역시도 '언불진의言不盡意', 즉 말로는 뜻을 다 전달할 수 없다고 말했다.

동양에서 언어는 의미를 전달하기 위한 수단일 뿐 목적이 아니다.

"통발은 물고기를 잡으려는 수단이기 때문에 물고기를 얻었다면 통발은 잊는다. 올무는 토끼를 잡으려는 수단이기 때문에 토끼를 얻었다면 올무는 잊는다. 말言은 뜻意을 잡는 수단이기 때문에 뜻을 얻었다면 말은 잊는다. 나는 어디서 말을 잊은 사람을 얻어서 그와 말을 나눌 수 있단 말인가?"

-《장자》,〈외물〉

서양인들은 사물에 이름을 붙이고 개념화하여 이해하기 때문에 사물에 대한 이해가 바로 언어로 전환된다. 그러나 동양에서는 사물들이 복잡한 맥락 속에서 존재하기 때문에 이름을 붙이고 개념화하는 것은 단편적인 이해를 넘어서지 못한다고 믿는다. 따라서 동양에서는 '이해한다'는 표현을 쓰지 않고 사물의 참모습을 '깨닫는다'는 표현을 써왔다.

　흔히 언어에 대한 적극적 인식을 바탕으로 하고 있는 서양 문화를 분석과 논리를 중시하는 '지식의 문화'라고 하고, 언어에 대한 소극적 인식을 기반으로 하고 있는 동양문화를 종합과 직관을 중시하는 '지혜의 문화'라고 한다. 이처럼 동양인들은 말의 교묘함과 정연함을 추구하기보다는 말로부터 자유로워지기를 소망했다. 이 때문에 동양의 많은 사상과 종교들이 서구사상에 비해 덜 체계적이고 논리적이지 못하다는 평가를 받기도 한다.

 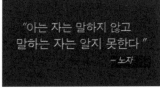

언어에 대한 소극적 인식을 기반으로 하는 동양의 문화는 지혜의 문화다.

장파, 인민대학교 미학과 교수

서양인들은 무엇을 보든지 실체의 관점에서 바라보았고, 동양인들은 기의 관점에서 바라보았습니다. 동양인들은 우주공간에 기라는 것이 존재하고 있다고 믿었습니다. 인간이든 사물이든 완전한 구분은 불가능하다고 생각하는 것이지요. 그렇기 때문에 동양인은 사물의 본질을 알고자 할 때 피상적인 이해나 서양의 '형식논리가 아닌, 사물에 내재되어 있는 것에 대한 '깨달음'을 아주 중

요시합니다. 깨달음이란, 언어가 아닌 직접 체험을 통해 배우는

앎을 말합니다.

지식+
knowledge plus

학문이란 무엇인가?

생물학(biology), 심리학(psychology), 인류학(archaeology), 지리학(geology) 등 오늘날 우리가 배우는 대부분의 학문을 나타내는 단어에는 '로고스(logy, logos)'라는 단어가 포함되어 있다. 로고스의 어원은 고대 그리스어로 '말하다'를 뜻하는 'legein'에서 비롯된 것으로 동양의 '말(言)'과 그 뜻이 통한다. 즉, 로고스는 '말한 것'을 의미하는데, 서양철학에서는 사물의 존재를 한정하는 보편적인 법칙과 행위가 따라야 할 준칙을 인식하여 그것을 언어로 표현해야만 생물학, 심리학, 인류학, 지리학 등의 학문으로 성립할 수 있다고 보았던 것이다. 이러한 생각을 토대로 서양에서는 말, 글, 이야기, 연설 등의 언론을 중시하는 수사학의 전통이 발전했다.

로고스를 바탕으로 한 '학문적 앎'은 언어를 통해서만 습득이 가능하다. 어떤 사람이 동물을 무척 좋아한다고 해서 동물학을 한다고 할 수 없으며, 어떤 종교를 열렬히 믿는다고 해서 종교학을 한다고 할 수 없다. 서양에서 개인적인 체험과 학문적인 앎은 엄격히 구분된다. 학문을 인간의 이성을 통해서 발견할 수 있는 이법(理法)들을 탐구하는 행위로 정의하고 있기 때문이다.[20]

동양인은 사회적이고 서양인은 개인적이다.

_프랜시스 슈

나는 누구인가

PART 2

동서양의 인간과 사회

01

나와 너,
타인에
대한
인식

개인을 강조했던 서양인들은 주체로서의 '나'와 객체로서의 '대상'을 분명하게 구분하여 자신을 세상의 중심에 두고 눈앞에 펼쳐진 세상을 관찰하고 분석한다. 그러나 주체와 객체를 분리하지 않았던 동양인들은 내가 대상과 하나가 되어 대상의 입장에서 바라보고 생각한다. 이렇게 서양인은 관찰과 분석을 통해 대상을 정확하게 '보는 것'을 지향한다면, 동양인은 대상과의 합일상태가 '되는 것'을 지향한다.

관찰자의 입장에서
세상을 바라보는 서양인

아래 세 개의 물체 중 어느 것이 가장 앞쪽에 있는 것인가?

Which one is ahead?

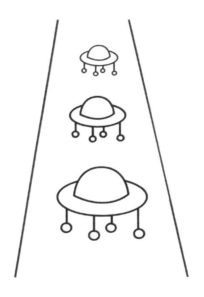

"제일 큰 거요."

"제일 큰 것이 앞에 있어요."

"제일 멀리 있는 거요."

"맨 위에 있는 거요."

　　서양인들은 상단에 위치한 제일 작은 물체가 가장 앞쪽에 있다고 대답했고, 동양인들은 하단에 위치한 제일 큰 물체가 가장 앞쪽에 있다고 대답했다. 왜 이런 차이가 나타나는 것일까?

　　레오나르도 다빈치가 그린 〈최후의 만찬〉을 기억하는가? 서양회화 역사에서 매우 유명한 그림이다. 그런데 이 그림은 예술성뿐 아니라 화면 구성상의 정교한 원근법으로도 유명하다. 원근법은 서양회화의 대표적인 특징으로 하나의 소실점(消失點)에 시각을 집중시켜 그 길이나 깊이의 변화를 일정하게 함으로써 평면을 입체적인 공간처럼 보이도록 만드는 것이다. 다른 말로 '투시법'이라고도 한다.

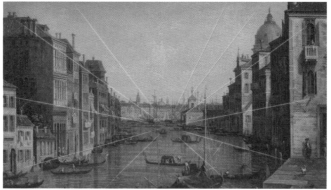

원근법이 발달한 서양화

서양인에게 '본다'는 것은 매우 중요한 기능이다. 데카르트는 인간이 주체가 되어 세계를 객관적으로 바라볼 수 있는 시각적 능력이 신으로부터 부여받은 은총이라고 믿었다. 투시법에서는 창틀과 같은 장치를 이용하여 3차원의 세계를 2차원의 평면에 그린다.

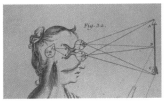

보는 것이 믿는 것이다.

이 투시법을 통해 세상을 보면, 공간은 '좌표화'된다. 그리고 이 좌표 공간 위에서 모든 사물은 각각의 위치값을 갖는다. 이러한 과정을 통해서 3차원의 세계를 2차원의 평면 위에 놓고 객관적으로 관찰할 수 있게 되는 것이다.

알베르티의 그리드   뒤러의 원근법 도구

영어로 '객관'을 뜻하는 '오브젝티브 objective'라는 단어는 '대상'을 뜻하는 '오브젝트 object'에서 나왔다. 서양인에게 관찰의 대상은 모든 사물이므로 이 단어는 일반적인 사물을 총칭하는 단어로 쓰이게 되었다. 서양인들은 관찰자의 입장에서 사물을 바라보는 것이 곧 객관적으로 세상을 이해하는 방식이라고 생각한다.

서양인에게 대상은 사물이다.

서양에서 본다는 것은 이해한다는 뜻이다.

영어로 '나는 본다.' 즉 'I see.'라는 말은 '나는 이해한다, 알겠다.'는 의미로도 사용된다. 그런데 이 관찰을 위해서는 관찰자와 관찰대상이 필요하다. 이때 관찰자는 대상과 분리된 상태이며 관찰의 주체가 된다. 따라서 투시법의 시점은 관찰자가 중심이 되어 대상을 바라보는 '1인칭 시점'이다. 이 1인칭 시점의 방향은 관찰자에서 대상으로 향하게 된다.

1인칭 시점에서는 관찰자의 시선방향에 따라 앞과 뒤가 결정된다. 시선의 방향이 관찰자로부터 멀리 나아가는 방향이므로 관찰자로부터 가장 멀리 있는 사물이 가장 앞쪽에 있는 사물이 되는 것이다. 투시법으로 세상을 보면 가까운 쪽은 크게 보이고, 먼 쪽은 작게 보인다. 서양미술의 원근법은 이처럼 서양인의 1인칭 시점에 의해 탄생했다.

지식 ✚
knowledge plus

눈에 보이는 세상을 객관화하는 좌표

데카르트는 위대한 철학자이자 물리학자면서 동시에 수학자이기도 했다. 그는 밤에 연구하고 생각하기를 즐겨 늦게 잠자리에 들었으며 해가 높이 뜬 정오 무렵에야 일어나곤 했다. 어느 날, 침대에 누워 있던 데카르트의 눈에 바둑판무늬 천장에 붙어 있는 파리가 들어왔다. 그는 침대에 누운 채 천장에 붙은 파리의 위치를 나타낼 수 있는 방법을 고민하기 시작했다.

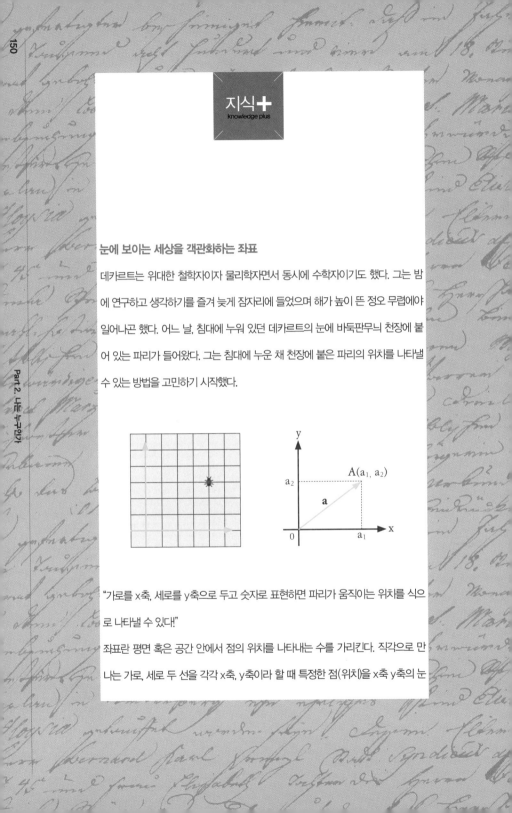

"가로를 x축, 세로를 y축으로 두고 숫자로 표현하면 파리가 움직이는 위치를 식으로 나타낼 수 있다!"

좌표란 평면 혹은 공간 안에서 점의 위치를 나타내는 수를 가리킨다. 직각으로 만나는 가로, 세로 두 선을 각각 x축, y축이라 할 때 특정한 점(위치)을 x축 y축의 눈

금으로 나타낸다. 이렇게 우연히 고안된 좌표의 탄생으로 한 점의 위치와 직선뿐만

아니라 원, 타원, 포물선, 쌍곡선과 같은 기하학적 도형도 모두 식으로 나타낼 수 있

게 되었다.

데카르트가 좌표명면을 토대로 창시한 해석기하학은 대수학과 기하학을 결합시

킴으로써 수학을 새로운 차원으로 이끌었으며, 뉴턴의 미적분학 발전에도 크게 기

여하게 된다. 뿐만 아니라, 눈앞의 세계를 자연 속 균질한 공간에 놓여 있는 단순한

'사물(object)'의 운동과 변화로 설명하는 기계론적 세계관에 중요한 바탕을 이루

게 된다.

대상의 입장에서
세상을 바라보는 동양인

가까이 있는 것을 크게, 멀리 있는 것을 작게 보았던 서양
의 원근법과 달리, 동양에서는 정반대의 시점으로 사물을 보는
경우가 있다. 다음 그림은 우리나라의 전통 민화다.

동양의 그림에는 역투시법이 나타난다.

이 그림은 앞에서 본 레오나르도 다빈치의 〈최후의 만찬〉
과는 다른 방식으로 그려져 있다. 일반적인 원근법과는 정반대
로 물체가 그려져 있는 것이다. 가까운 쪽이 작게 보이고, 먼 쪽
이 크게 보인다. 동양화에서는 이러한 기법을 흔히 볼 수 있는
데 이를 '역원근법', 또는 '역투시법'이라고 부른다.

서양인의 입장에서 보면 동양의 역투시법은 사물을 눈에
보이는 대로 그리지 않는 방식이라고 할 수 있다. 그러나 동양
인은 서양인과는 다른 기준으로 세상을 바라본다. 동양인이 세
상을 바라보는 기준은 서양인과 어떻게 다른 것일까?

불교 경전인 화엄경에 보면 '인드라망Indra's net'이라는 비유
가 나온다. 인드라망은 우주를 덮고 있는 거대한 그물을 말하는
데 이 그물코에는 투명한 구슬들이 달려 있다. 이것은 온 우주
가 서로 연결된 존재라는 의미로 사용되는 비유이다. 인드라망
의 구슬들은 자신의 주위에 있는 것들을 비춘다.

인드라망

동양에서 '본다'는 개념은 구슬들이 서로를 비추는 작용과
유사하다. 우리가 본다는 의미로 사용하는 '見견'이라는 글자는
그 의미가 '본다'가 아니라 '보이다', 혹은 '나타나다'라는 뜻이

다. 구슬의 입장에서는 대상을 '본다'고 표현하기보다는, 대상이 '보인다'고 표현하는 것이 더 정확하기 때문이다.

구슬에 비추는 것처럼 세상을 보면 서양의 투시법과는 정반대로 사물이 그려진다. 서양의 투시법이 관찰자중심의 시야로 보는 것이라면 동양의 구슬은 대상중심의 시야로 보는 것이다. 즉, 동양인은 관찰대상의 입장이 되어 구슬에 비친 모습을 보는 것이다.

서양의 투시법이 1인칭 시점인데 비해 동양의 구슬시야는 2인칭 시점이라고 할 수 있다. 2인칭 시점의 방향은 대상에서 구슬로 향하게 된다. 2인칭 시점으로 보면 대상이 나를 바라보는 방향에 의해 앞과 뒤가 결정된다. 따라서 구슬로부터 가장 가까운 사물이 가장 앞쪽에 있는 사물이 되는 것이다. 동양의 구슬시야는 그림을 그리는 사람의 시점이 아니라 그림의 대상이 되는 사물의 시점을 취하는 것이라고 할 수 있다.

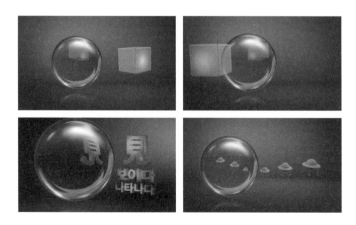

따라서 앞에서처럼 "세 개의 물체 중에서 어떤 것이 가장 앞쪽에 있을까?" 하고 묻는다면, 동양인은 대상의 입장에서 본 앞쪽을 가리키는 것이다.

아래의 그림은 우리나라 국보 180호로 지정되어 있는 추사 김정희의 〈세한도〉이다. 그런데 우리나라를 대표하는 이 그림에서 원근법 원칙에 어긋나는 부분을 발견할 수 있다. 외로이 서 있는 오두막의 출입문을 보자. 자세히 보면, 둥근 문의 두께감을 표시하는 선의 방향이 반대로 되어 있다. 집 전체가 오른쪽에서 바라 본 그림이므로 원근법적으로 원형 문의 왼쪽에 두께감이 표현되어야 하는데 반대로 오른 쪽에 두께를 표현하는 선이 그려져 있는 것이다. 우리나라의 대표적인 서예가이자 화가인 추사 김정희 선생이 과연 실수를 한 것일까?

추사 김정희의 〈세한도〉

서양의 화가들은 자신의 눈에 보이는 것을 기준으로 그림을 그린다. 예를 들어 풍경화를 그릴 때에도 그리고자 하는 대상을 눈앞에 두고 사생을 한다. 그러나 동양에서는 육체의 눈이

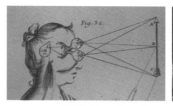

서양화가가 그림을 그리는 방식 : 대상을 눈앞에 두고 그린다.

동양화가가 그림을 그리는 방식 : 마음에 담은 대상을 떠올리며 그린다.

아니라 마음의 눈으로 대상을 바라볼 것을 강조한다.

동양의 화가는 먼저 그리고자 하는 대상과 하나가 되는 체험을 통해 대상을 이해한다. 화가는 이러한 '합일과정'을 통해 대상을 마음속에 담는 것이다. 그리고 막상 그림을 그릴 때에는 대상을 떠나 집에 돌아와서 그린다. 이렇게 동양화는 육체의 눈이 아닌 마음의 눈으로 그려졌기 때문에 서양식 원근법의 기준에 맞지 않는 경우가 종종 발견되는 것이다.

동양화에서는 사물의 외형을 닮게 그리는 것보다는 그 안에 담긴 뜻과 정신을 제대로 표현하는 것을 중시한다. 그래서 추사 김정희의 〈세한도〉는 외형묘사의 정확성보다는 선비의 초월적인 정신세계를 잘 드러냈다는 점이 높이 평가받고 있는 것이다.

이렇듯 동양화가 추구한 최고의 경지는 곧고 깊은 정신세계였다. 그리하여 자연스럽게 동양에서는 사물의 본질을 꿰뚫어 볼 수 있는 직관과 깨달음을 중시하는 태도가 발달하게 되었다.

장파, 인민대학교 미학과 교수

동양인이 풍경화를 그릴 때는, 먼저 그 풍경을 보면서 마음속에 기억한 뒤에 집에 돌아가서 그림을 그립니다. 그러나 서양인의 풍경화는 하나의 시점으로 이루어지기 때문에, 한 시점에서 본 장면을 하나의 작품으로 그리죠.

"나무를 그리기 위해서는 먼저 대나무를 마음속에 심어야 한다胸中成竹."

– 소동파

자연과 하나가 되고자 하는 동양인

'흉중성죽胸中成竹', 즉 '그릴 대상을 마음속에 담아야 한다.' 는 말은 관찰자와 대상이 하나가 되는 구슬시야를 잘 보여준다. 구슬시야를 통해 동양철학이 지향하는 '물아일체物我一體'의 의 미도 이해할 수 있다. 대상과 내가 하나가 된다는 의미에서 흉 중성죽과 물아일체는 같은 뜻이다.

물아일체의 상태에서는 사물을 외형적 기준으로 바라보지 않는다. 내가 대나무를 보는 것이 아니라 나와 대나무가 하나가 되는 것이다. 이미 사물과 내가 하나가 된 상태에서는 대상을 본다는 행위가 성립되지 않는다. 대상과 하나가 되어 일체의 상 태를 경험하는 것이 중요하기 때문이다. 이처럼 동양인은 대상 을 이해하는 방식이 서양인과 다르다. 서양인은 대상을 관찰함 으로써 이해하려 하지만, 동양인은 대상과 하나가 됨으로써 이 해한다. 또 서양과는 달리 동양에서는 눈에 보이는 형태를 절대 시하는 것을 오히려 경계한다. 대상과 하나가 되는 것을 방해하 기 때문이다.

반면 서양인은 앞에 펼쳐진 대상을 관찰하고, 분석하고, 정 복하려 한다. 그렇기 때문에 서양인은 대상이나 현상을 통제하 고자 하는 열망이 강하다. 자연을 정복하고자 하는 의지, 자신 의 운명을 개척하고자 하는 의지 등 주어진 환경과 조건을 통 제함으로써 자신의 존재의의를 강화해나간다.

"마치 큰 채석장이 건축가 앞에 놓여 있듯이 세계 전체가 우리 앞에 놓여 있다. 이 건축가는 자연의 우연덩어리를 최대

한 경제적이고 합목적적이며 확고하게 그의 정신에서 우러나온 원 형상으로 만들어놓을 때만이 자신의 이름값을 하는 것이다."

– 괴테,《빌헬름 마이스터의 수업시대》

이렇게 동양인이 대상과의 합일상태가 '되는 것'을 지향했다면 서양인은 관찰과 분석을 통해 대상을 정확하게 '보는 것'을 지향했다. 때문에 동양에서는 '되는 것'에 대한 철학, 즉 도덕률이나 윤리와 같이 어떻게 하면 바르게 행동하는 것인가를 탐구하는 학문이 발달했다. 반면 서양에서는 '보는 것'에 대한 철학, 즉 인식론이 발달했다. 인식론이란 사물이나 현상을 어떻게 바라보고 이해할 것인가를 탐구하는 학문이다.

미국에서는 한 사람이 어떤 사람인가를 평가할 때 그 사람의 성격, 생각, 선호하는 것 등을 고려한다. 하지만 동양에서는 그 사람의 행동, 타인에 대한 태도 등을 고려한다. 서양문화에서는 어떻게 생각하는가를 본다면, 동양문화에서는 어떻게 행

동하는가를 보는 것이다. 그렇기 때문에 서양문화에서는 개인
이 어떤 생각을 하는가가 인물을 평가하는 가장 중요한 기준이
된다. 반면, 동양문화에서는 얼마나 존경할만한가, 바른 행동을
하는가가 중요한 기준이 된다. 그렇기 때문에 동양에서는 부지
런한 수행과 실천을 통해 경지에 이르도록 가르쳤고, 서양에서
는 정확한 인식과 논리적인 사유를 통해 경지에 이르도록 가르
쳤다.

진리탐구의 과정,
서양의 토론

서양의 과학은 가정과 검증이라는 논리적 과정을 통해서 발전해왔다. 예를 들어, 지구가 어떤 모습을 하고 있는지 알아내려면 '지구는 직선이다.'처럼 가장 단순한 가정을 먼저 세운다. 그리고 그 가정이 가지고 있는 오류들을 다양한 견해를 통해 검증해나간다. 새로운 가정들을 세우고 또 검증해 나아가는 방식을 통해 점차 실제 지구의 모양에 가까운 진리를 발견해내는 것이다. 따라서 서양에서는 여러 사람들이 서로 의견을 자유롭게 말하고 반박하는 토론의 과정을 중시한다. 이것이 곧 서양식 진리탐구의 과정이다.

과학적 방법 Scientific method
1. 관찰한다.
2. 가설을 세운다.
3. 실험으로 가설을 검증한다.
4. 결론을 도출한다.

서양인은 각자가 관찰하고 발견한 것을 바탕으로 토론을 통해 진리를 탐구한다.

펑 카이핑, 캘리포니아 버클리대학교 심리학과 교수

서양의 학계에서는 항상 세미나 같은 토론이나 논쟁의 중요성을
강조합니다. 이것은 고대 그리스의 전통에서 온 것입니다. 서로
논쟁을 많이 할수록 진리를 발견할 가능성이 높다고 생각했죠.
이것은 아리스토텔레스가 '진리는 토론의 정수다.'라고 했던 것과
정확히 일치하는 생각입니다. 진리는 책이나 사람의 머릿속에 있
는 것이 아니라 사람들과의 토론 속에 있는 것이라는 얘기지요.
그래서 함께 토론하고 논쟁하면서 진리를 찾아나갑니다.

몸과 마음을 닦는
동양의 수양

동양의학에서 가장 중시했던 것은 신체를 유기적으로 연결시키는 경락과 경락을 흐르는 '기'였다. 경락이 막히면 유기체로서의 신체를 유지해주는 기의 흐름이 원활하지 않게 된다. 동양의학은 이것을 바로 질병의 기원이라고 생각했다. 몸 안에 흐르는 기의 통로로서의 경락은 신체를 해부해도 결코 관찰할 수 없는 것이다. 그래서 해부를 통해 몸의 부분을 관찰해 의학을 발전시켜온 서양의학에서는 실체가 없는 미신으로 간주되기도 했다.

전체가 하나로 연결되어 있다는 유기체적 신체관을 바탕으로, 동양의학에서는 막힌 곳을 뚫어 기가 자유롭고 조화롭게 흐르도록 하는 요법이 발달했다. 특히, 손바닥이나 발바닥에 인체의 전체 지도가 들어있다고 생각해 침이나 뜸을 놓아 몸의 아픈 부분을 치료하는 요법이 발달했는데, 여기에는 '신체의 각 부분은 전체 신체를 반영한다.'는 세계관이 전제되어 있다.

부분 속에 전체가 들어있는 현상은 자연 곳곳에서 관찰된다. 나뭇가지에 달려 있는 잎을 자세히 살펴보면 전체 나무의 구조를 하고 있다. 또 눈이나 물의 결정의 한 부분을 관찰해보면 전체 구조와 같은 모습을 하고 있다는 것을 알 수 있다. 이처럼 고사리, 눈 결정, 전기의 방전 모양, 신경망 등 자연계의 작은 부분을 자세히 들여다보면 그 안에 전체의 모양이 들어 있는 것을 발견할 수 있는데 이것을 '자기유사성'이라고 한다. 프랑스 수학자 만델브로트가 제안한 '프랙탈'이라는 개념과도 비슷하다. 프랙탈은 어떤 물체나 형체의 전체구조 혹은 일부 구조가 그 물체 혹은 형체의 내부에서 끊임없이 반복되는 구조를 말한다.

마찬가지로 동양의 전통사상에서는 인간을 소우주라고 설명한다. 한 인간의 존재 안에 온 우주의 이치가 들어있다는 말이다. 동양의학에서는 인간이 자연의 이치에 맞게 살면 건강하고 자연의 이치를 거스르면 질병이 생긴다고 말한다. 이를 하늘과 사람이 서로 응한다는 뜻에서 '천인상응天人相應'이라고 한다.

천天은 눈에 보이는 하늘이라는 의미도 있지만, 더 크게는 우주만물의 모든 생겨남과 활동, 그리고 죽음을 만드는 우주 본연의 흐름을 의미한다. 이러한 우주의 큰 흐름과 사람이 서로 통해 응한다는 것이 천인상응의 깊은 뜻이다. 자연 본연의 기의 흐름이 이미 우리 속에 같이 흐르고 있는 것이다. 이러한 흐름과 분리되지 않고 자연스러울 때 우리는 건강하다. 만약 자연의 흐름을 역행하기 시작하면 우리는 건강을 잃게 된다.

동양에서는 먹고 자고 옷 입는 것을 계절과 날씨에 맞추어 자연스럽게 하고, 밤에 자고 낮에 활동하며, 쓸데없는 욕심과 망상을 버리는 등 인간이 자연의 흐름과 궤를 같이하기만 하면 건강은 저절로 유지된다고 말한다. 인간이 건강하지 못한 것은 대개 이러한 자연스러움을 벗어나기 때문이라는 것이다. 그래서 동양의학에서는 질병을 치료하기 위해서 인간 본래의 자연

자기유사성 – 부분 속에 전체가 들어있다.

스러움을 회복하는 게 가장 먼저라고 강조한다.[21]

하늘은 둥글고 땅은 나란하니 사람의 머리가 둥글고 발이
나란하여 응하고,
하늘에 해와 달이 있으니 사람에게도 두 눈이 있고,
땅에 아홉 고을이 있으니 사람에게도 아홉 구멍이 있고,

하늘에 바람과 비가 있으니 사람에게도 즐거움과 노함이
있고,
하늘에 우레와 벼락이 있으니 사람에게도 목소리가 있고,
하늘에 사계절이 있으니 사람에게도 사지(팔 다리)가 있고,
하늘에 오음이 있으니 사람에게도 오장이 있고,
하늘에 육률이 있으니 사람에게도 육부가 있고,
하늘에 겨울과 여름이 있으니 사람에게도 추위와 더위가
있고,

하늘에 10일이 있으니 사람에게도 열 손가락이 있고,
하늘에 12지지가 있으니 사람에게도 열 개의 발가락과 음
경과 고환이 응하되,
여자는 이 두 가지가 없으므로 사람을 잉태할 수 있고,
하늘에 음양이 있으니 사람에게도 남편과 아내가 있고,

한 해에 365날이 있으니 사람에게도 365마디가 있고,

땅에 높은 산이 있으니 사람에게도 어깨와 무릎이 있고,

땅에 깊은 골짜기가 있으니 사람에게도 겨드랑이와 오금이 있고,

땅에 12경수가 있으니 사람에게도 12경맥이 있고,

땅에 샘 줄기가 있으니 사람에게도 위기衛氣가 있고,

땅에 풀이 있으니 사람에게도 털이 있고,

하늘에 낮과 밤이 있으니 사람에게도 잠자고 일어나는 것이 있으며,

하늘에 여러 별이 있으니 사람에게도 치아가 있고,

땅에 작은 산이 있으니 사람에게도 작은 마디가 있고,

땅에 산과 돌이 있으니 사람에게도 높은 뼈가 있고,

땅에 모여 사는 고을이 있으니 사람에게도 군살이 있고,

한 해에 열두 달이 있으니 사람에게도 12마디가 있고,

땅에 사계절 풀이 나지 않는 곳도 있으니 사람에게도 자식 없는 이가 있다.

이것이 사람과 천지가 서로 응하는 것이다."

－《황제내경》,〈사객〉

마찬가지로 유교에서도 인간이 자연의 이치에 맞게 살아야 한다고 가르친다. 유교의 모든 가르침은 결국 어떻게 하면 인간이 좀 더 자연의 이치에 맞게 살 것인가에 관한 것이다. 그렇기

때문에 동양에서는 인간이 자연에 순응해서 살 것을 강조하고 세상이나 우주의 진리도 자신의 마음속에서 찾으라고 한다.

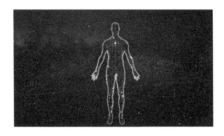

인드라망의 구슬도 마찬가지 현상을 보여준다. 한 구슬 안에는 주위의 구슬들뿐 아니라 온 우주의 구슬들이 비친다. 이를 불교에서는 '일중다다중일一中多多中一'이라고 말한다. 하나가 다른 모든 것 안에 들어있고, 전체가 하나 안에 들어있다는 뜻이다. 이것은 인간의 마음 안에 온 우주의 진리가 들어있다는 말과도 통한다. 따라서 동양에서의 진리탐구는 다른 사람과의 토론이 아니라 스스로의 마음을 닦는 수행, 즉 각성과 깨달음을 통해서 이루어진다.

구슬을 닦듯이 마음을 닦아서 맑게 해야 우주의 진리를 좀더 쉽게 발견할 수 있다. 그래서 동양에서는 '마음을 닦는다'나 '마음을 비운다'는 표현을 많이 사용한다. 그러나 서양에서는 '마음을 비운다'는 표현을 잘 이해하지 못한다.

헤이즐 마커스, 스탠포드대학교 심리학과 교수

동양에서는 마음을 물처럼 깨끗하고 고요하게 하라는 말을 합니다. 검도를 할 때도 집중력을 위해 이런 명상의 상태를 추구하죠.

미국인들에게는 이것이 마음이 텅 비었다는 의미로 해석되기도

합니다. 마음이 비었다는 말은 정신이 나갔다는 의미로 해석되기

때문에 아주 무서운 말이 되는 것이지요. 그렇기 때문에 서양인

들은 항상 마음속 생각을 말로 표현하고 독백하는 것에 익숙합니

다. 마음을 비우는 상태가 매우 어렵게 느껴지는 것입니다.

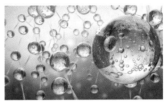

하나의 구슬 안에 온 우주의 구슬들이 비친다.

지식+
knowledge plus

원효대사의 깨달음

원효(신라의 승려, 617~686)

원효대사는 의상과 함께 당나라로 불교유학을 떠나면서 배를 타기 직전 초막에서 하룻밤을 지낸다. 한밤중에 목이 말라 깬 원효대사는 바가지에 고인 물을 시원하게 마시고는 다시 잠을 청했다. 다음날, 그는 자기가 마셨던 물이 해골에 고인 물이라는 것을 알게 된다. 그리고는 갑자기 역겨움이 치밀어올라 마신 물을 모두 토해버리고 말았다.

어둠 속에서 갈증을 느낄 때는 시원하고 달던 물이, '눈을 통한 인식의 과정'을 거치자 해골에 담긴 물로 변해 구토까지 일으킨 것이다. 원효대사는 이 경험을 통해 인간의 모든 경험이 그 마음에서 비롯됨을 깨달았다. 똑같은 물이 청량함을 주었다가, 역겨움을 주기도 한 것은 물이라는 대상이 지닌 성질이 아니라, 그것을 받아들이는 마음이 달랐기 때문이었다.

> "《대학》에 '마음이 없다면 보아도 보이지 않는다(心不在焉, 視而不見).' 라는 구절이 나온다. 과거 우리 조상들도 '마음이 콩밭에 가 있다.'고 말하곤 했다.

이 두 가지는 모두 같은 맥락의 말이다. 눈앞에 아름다운 꽃이 피어 있어도 그

걸 바라보는 나의 마음이 어제 일어났던 일이나 다른 기억에 사로잡혀 있다

면, 그 꽃은 없는 것이나 마찬가지다."

— 강신주, 《철학 VS 철학》

동양에서는 예로부터 어떤 현상이나 사실을 있는 그대로 직관할 수 있으려면 먼저

마음을 깨끗이 비워야 한다고 강조해왔다.[22]

인사이더 관점과
아웃사이더 관점

A1 : 내가 좋아하니까 상대방도 좋아할 거야.

A2 : 내가 배고프니까 다른 사람들도 배고플 거야.

A3 : 나한테 어려운 일이니까 저 사람한테도 어려울 거야.

B1 : 상대방이 고기를 좋아하니까 나도 고기를 먹어야지.

B2 : 사람들이 마음에 들어 하니까 나도 좋아.

B3 : 저 사람이 인정해주었어. 잘한 거야.

A와 B의 두 가지 사고방식이 있다. 당신은 평소 어떤 방식으로 생각하는 경향이 강한가? A는 판단의 기준을 내 안에 두는 방식이고 B는 판단의 기준을 나의 외부, 즉 타인에게 두는 방식이다. 서양인은 보통 A의 방식을 취하고 동양인은 B의 방식을 취한다. 왜 이런 차이가 나타나는 것일까?

연구에 의하면 서양인은 '인사이더 관점Insider's perspective'을 갖고 있고 동양인은 '아웃사이더 관점Outsider's perspective'을 갖고 있다고 한다. 서양의 투시법, 즉 1인칭 시점은 관찰자의 시선방향이 안에서 밖으로 향한다. 따라서 투시법을 다른 말로 인사이더 관점이라고 할 수 있다. 그리고 동양의 구슬시야는 시선방향이 밖에서 안으로 향하기 때문에 아웃사이더 관점이라고 할 수 있다. 동양인들의 아웃사이더 관점은 상대방의 입장에서 자신

▲▲ 서양인은 인사이더 관점을 가지고 있다.
▲ 동양인은 아웃사이더 관점을 가지고 있다.

을 보는 2인칭 시점, 또는 3인칭 시점이다.

도브 코헨, 일리노이대학교 심리학과 교수

1인칭 시점 혹은 인사이더 시점이란 내가 생각하고 내가 느끼는 방식으로 세상을 보는 것을 말합니다. 3인칭 시점 혹은 아웃사이더 시점이란 다른 사람이 생각하고 느끼는 방식으로 나도 세상을 보는 것을 말하고요.

1인칭 시점을 가진 사람은 자기가 생각하는 대로 남들도 생각할 거라고 생각하는 경향이 있습니다. 내가 어떤 사람을 좋은 사람이라고 생각한다면 당연히 다른 사람들도 그 사람을 좋은 사람이라고 생각할 거라 믿는 거죠. 또 내가 어떤 사람을 나쁜 사람이라고 생각한다면 다른 사람들도 그 사람을 나쁜 사람이라고 생각할 거라고 여깁니다.

서양인은 자신의 감정에 집중하기 때문에 감정을 세상에 투사하지만 동양인은 타인의 관점을 스스로에게 투사합니다. 동양인은 자신이 아니라 타인이 경험하는 관점에 따라 자신의 시간과 공간을 경험합니다. 타인의 움직임을 자신에게 체화시켜 상상하고 타인의 관점을 내게 투사해서 실제처럼 느끼는 것입니다.

인사이더 관점을 가진 서양인들은 자기중심적이다. 서양인들은 자기 자신의 생각과 감정에 집중하기 때문에 상대방도 자기처럼 생각하고 느낄 거라 믿는 경향이 있다. 예를 들면, 자신이 화가 난 상태이면서 상대방에게 "어머, 너 화난 것 같다." 하고 말하는 식이다. 또, 자신이 슬플 때는 상대방도 슬플 것이라고 간주하는 것이다. 이를 '자기중심적 투사Egocentric projection'라고 한다. 서양문화에서는 자기가 원하는 걸 스스로 찾아서 성취하도록 장려하기 때문에 자기 자신의 생각이나 감정에 지나치게 집중한 나머지 자신의 생각을 다른 사람에게 투사하는 경향이 생겨난 것이다.

반대로 아웃사이더 관점을 가진 동양인들은 상대중심적이다. 다른 사람의 생각이나 감정을 이해할 때 자신의 감정을 개입시키기는 하지만, 자기 자신의 감정뿐만 아니라 서로의 관계를 생각하고 판단한다. 예를 들어, 슬플 때 상대방이 자신을 보면서 느끼게 될 동정심을 함께 느낀다. 또, 수치스러움을 느낄 때 상대방이 자신에게 느낄 것이라고 생각하는 경멸의 감정을 동시에 느낀다. 이렇게 동양인들은 자신과 관계로 맺어진 상대방이 자신의 생각과 감정에 대해 어떤 반응을 보일지 그 가정을 전제하기 때문에 상대방의 생각과 감정에 집중하는 경향을 보인다. 이를 '관계적 투사Relational projection'라고 한다. 동양문화권에서는 타인에게 맞추고 조화를 이루며 집단 속에서 너무 튀지 않게 주변 상황이나 환경을 고려해서 생각하고 행동할 것을 요구한다. 그렇기 때문에 타인의 눈으로 나를 객관적으로 판단할 수 있는지, 그 능력이 중요해지는 것이다.

아웃사이더 관점을 가진 동양인들은 타인의 눈에 비치는 자신의 모습을 상상하는 것에 익숙하다. 이러한 현상은 마치 대상이 구슬에 비치는 현상과 비슷하다. 하나의 구슬이 주위의 구

동양인들은 구슬이 나를 비추듯 타인의 눈에 비치는 내 모습을 인식한다.

슬들과 연결되어 서로를 비추는 것처럼 동양인들은 스스로를 주위의 사람들과의 연결 속에서 바라보고 상대방의 눈에 비치는 자신의 모습을 인식한다.

이렇게 동양과 서양의 문화에서는 자기 자신과 상대방을 관찰하고 경험하는 방식이 각각 다르다. 동양인은 타인에게 비치는 자신의 모습을 상상함으로써 자신을 이해하기 때문에 자연스럽게 자기 자신을 세상의 일부, 사회의 일부, 배경의 일부로 파악하게 된다. 이것은 비디오 게임의 롤플레잉 게임과도 유사하다. 롤플레잉 게임을 할 때 우리는 자신의 캐릭터를 밖에서 바라볼 수 있다. 나의 캐릭터와 다른 캐릭터가 같이 겨루는 장면을 제3자의 시선으로 바라보는 것이다.

반대로, 서양인의 인사이더 관점은 총 쏘기 게임에 비유할 수 있다. 이 경우에는 내 자신이 게임 속의 주인공이 되고 내 눈 앞에는 상대방 캐릭터만 보일 뿐이다. 이때, 내가 세상의 중심이 되어 자신만의 눈으로 세상을 보는 것은 쉬워지지만 정작 자기 자신은 바라볼 수 없게 된다.

동양인은 타인의 시선, 외부인의 시선으로 자신을 바라보기 때문에 남에게 어떻게 비치는지에 대해 민감하다. 자신에 대한 타인의 평가, 사회적 평판을 중요한 판단근거로 생각하는 것이다. 동양인의 아웃사이더 관점을 취하면 자기 자신을 객관적으로 볼 수 있고 자신과 타인과의 관계를 잘 이해할 수 있다는 장점이 있다. 사물을 관찰할 때도 다양한 시점을 통합한 전체적인 시각을 가질 수 있다.

동양문화를 흔히 체면^{體面}문화라고 하는데, 여기서 체면의 '면^面'은 얼굴을 뜻한다. 자신의 얼굴은 거울 없이는 스스로 볼 수 없고 타인에게만 보인다. 그렇기 때문에 체면문화라는 것은 타인의 관점을 취해 사물을 관찰하는 동양인의 아웃사이더 관점에서 비롯된 현상이라고 볼 수 있다. 체면문화가 부정적으로 작용하면 지나치게 타인의 시선을 의식하는 허위의식으로 발전하기도 한다.

동양은 타인의 평가에 민감한 체면문화가 발전했다.

반대로 서양인은 다른 사람들이 뭐라고 하든 크게 신경 쓰지 않고 자기방식대로 살아가려는 경향을 보인다. 자기 자신의 생각을 중요하게 생각하고 자신만의 재능, 소질을 개발할 뿐 자신을 다른 사람과 비교하려 하지 않는다. 서양인의 인사이더 관점을 취하면 자신이 원하는 것을 찾아내 목적에 맞게 이해하고 행동하기가 쉬워진다. 서양인은 모든 판단의 중심에 자신을 두기 때문에 동양인에 비해 상대적으로 높은 자신감과 자존감을 갖는다.

그러나 이러한 경향이 지나치면 문제가 발생하기도 한다. 서양인의 경우 동양인보다 '투명착각^{illusion of transparency}'과 '공감착각^{Illusion of empathy}'을 더 많이 나타낸다고 한다. 투명착각은 다른 사람이 내가 어떤 생각을 하고 있고 어떤 기분일지를 다 알고 있을 거라고 착각하는 현상을 말한다. 공감착각은 내가 다른 사람이 어떤 생각을 하고 있는지, 어떤 기분인지를 알고 있다고 착각하는 현상을 말한다. 이것은 실제로 아는 게 아니라 단순히 상대방에게 내가 투사한 감정을 지나치게 확신함으로써 생기는 자기중심적 사고의 오류다. 자신의 감정을 상대방에게 동일시함으로써 서로 잘 통한다고 쉽게 느끼기도 한다.

지식➕
knowledge plus

겉과 속이 다른 체면문화

조선의 실학자, 연암 박지원의 소설 《양반전》은 체면 때문에 굶다시피 하는 어리석은 양반의 모습을 잘 그리고 있다.

"더워도 버선을 벗지 말고, 밥을 먹을 때 맨 상투로 밥상에 앉지 말고, 국을 먼저 훌쩍 훌쩍 떠먹지 말고, 무엇을 후루루 마시지 말고, 젓가락으로 방아를 찧지 말고, 생파를 먹지 말고, 막걸리를 들이켠 다음 수염을 쭉 빨지 말고, 담배를 피울 때 볼에 우물이 파이게 하지 말고, 화난다고 처를 두들기지 말고, 성나서 그릇을 내던지지 말고, 아이들에게 주먹질을 말고, 늙은 종들을 야단쳐 죽이지 말고, 마소를 꾸짖되 그 판 주인까지 욕하지 말고, 아파도 무당을 부르지 말고, 제사 지낼 때 중을 청해다 재(齋)를 드리지 말고, 추워도 화로에 불을 쬐지 말고, 말할 때 이 사이로 침을 흘리지 말고……."

체면이란, 자신이 처한 상황과 맺고 있는 인간관계에 따라 실제와 다르게 행동함으로써 자신의 지위와 명분을 높이는 실속 없는 겉치레를 의미한다. 그러나 타인에 의한 자기평가가 중시되는 한국사회에서는 체면문화가 개인의 삶을 유지하고 지탱하는 필수적인 생존전략 중 하나라는 말이 있을 정도로 체면문화가 중시된다.

한국문화를 연구하는 학자들은 이것이 눈치와 체면, 명분에 집착했던 한국의 문화적 전통에서 비롯된 것으로 해석한다. 한국에서는 예부터 자신을 정직하게 드러내기보다는 다른 사람들의 눈치를 살피고 체면을 중시하며 외적으로 드러나는 명분을 중시해왔는데 이는 몇몇 속담들에서도 잘 드러나 있다.

> '냉수 먹고 이빨 쑤시기.'
> '가난할수록 기와집 짓는다.'
> '가게 기둥에 입춘대길.'[23]

과거부터 이어져온 체면문화는 현재까지 고스란히 이어지고 있다. 너나 할 것 없이 좋은 옷, 좋은 차, 좋은 집을 내세우려 하는 과시욕망과 형편에 맞지 않는 호화 결혼식이나 돌잔치가 일반화되는 허례허식 풍조는 현대 한국사회에서 체면문화의 부정적 측면으로 빈번하게 거론되고 있다. 또, 한국인의 대화나 행동에서 자주 발견되는 '인사치레성', '의례성' 대화나 행동들 역시 '겉과 속이 다르다(표리부동, 表裏不同).'는 비난을 받곤 한다.[24]

이러한 현상은 같은 동양문화권인 중국과 일본에서도 나타난다. 일본인은 '혼네(本心, 본심)'와 '다테마에(建前, 겉모습, 남에게 듣기 좋은 말을 하는 것)'를 철저히 구별하여 사용하며 겉 다르고 속 다른 면을 보인다. 평소에는 다테마에식 사회생활을 하고 혼네는 개인의 마음속에 꼭꼭 숨긴 채 타인에게 좀처럼 드러내지 않는 것이다. 그러나 겉과 속이 다르다고 하여 꼭 부정적으로만 볼 일은 아니다. 일본인의 남다른 배려문화는 다테마에의 긍정적 현상으로 해석되기도 한다.

1인칭이 발달한 서양,
3인칭이 발달한 동양

동양과 서양의 아이들에게 자기가 살고 있는 집을 그려보라고 하면 재미있는 차이가 나타난다. 그림을 그린 시점의 높이가 다른 것이다. 서양의 아이들은 자신이 실제로 보는 눈높이로 그림을 그린다. 그러나 동양의 아이들은 하늘에서 내려다본 것처럼 그림을 그린다. 왜 이런 차이가 나타나는 것일까?

서양의 아이들이 그린 그림   동양의 아이들이 그린 그림

이 결과 역시 동양의 아이들은 아웃사이더 관점을, 서양의 아이들은 인사이더 관점을 가지고 있기 때문에 나타나는 현상이다. 서양의 아이는 그림 그리는 사람의 눈에 보이는 피사체의 정면을 그리지만, 동양의 아이는 마치 높은 곳에서 아래를 내려다보며 전체를 조망한 듯한 그림을 그린다. 서양의 아이는 '자기 자신이 바라 본 관점(1인칭 시점)'에서 그림을 그리고, 동양의 아이는 자기를 초월한 '상상의 제3자가 바라본 관점(3인칭 시점)'에서 그림을 그리는 것이다.

아이들 그림에서 본 것과 같은 이러한 동서양의 차이는 옛 그림에서도 잘 나타난다. 서양의 그림이 일반적인 사람의 시점,

즉 그림을 그리는 화가의 시점과 일치하는 반면, 동양의 그림은 전지적 시점, 즉 화가를 초월한 제3의 시점에 의해 그려졌다는 것을 알 수 있다. 실제로 서양미술에서는 오랫동안 인간의 눈으로 3차원의 공간을 2차원의 평면 위에 사실적으로 묘사하는 원근법이 발달해왔다. 반면 동양미술에서는 원근법이 발달하지 않았다. 대신에 인간의 눈이 아닌 전체를 조망하는 듯한 초월적 시선, 즉 '조감도鳥瞰圖'가 발달했다.

서양화에서는 그리는 사람의 위치가 고정적이다. 그릴 대상 앞에 서서 바라보는 것을 전제로 3차원 세계를 표현해내는 것이다. 서양화의 시점을 취하면 화가는 한 장소에서 움직이지 않고 3차원 세계를 2차원의 캔버스 위에 옮겨 그리는 작업을 하게 된다. 그렇기 때문에 사물의 그림자까지 그릴 수 있을 만큼 정교한 묘사가 가능해진다.

그러나 대부분의 동양화에는 그림자가 없다. 화가가 여러 곳을 옮겨 다니며 다양한 시점을 취하기 때문에 빛의 각도를 지정하기가 어려운 탓이다. 마치 그리는 사람이 하늘을 날면서 모든 것들을 제각각 내려다보는 듯한 시점을 갖고 있다. 한국화, 중국화, 일본화가 공통적으로 이런 경향을 보인다.

이렇게 한 그림 안에 다양한 시점을 동시에 갖는 것을 '다중시점'이라고 하는데 이것은 관찰의 시선을 관찰자 개인의 시선으로 한정시키지 않고 다양한 각도에서 객관적으로 관찰하기를 원했던 동양인들의 특징에서 비롯되었다. 동양인은 그림을 그릴 때조차 3인칭 시점, 즉 아웃사이더 관점을 가졌던 것이다.

1인칭 시점의 전형적인 서양화

3인칭 시점의 전형적인 동양화

장파, 인민대학교 미학과 교수

중국인은 '천안(天眼)'을 강조하는데, 이것은 '앙관부찰(仰觀俯察)'의 의미를 담고 있습니다. 하늘을 쳐다보아 천문(天文)을 보고, 땅을 굽어보아 지리(地理)를 살핀다는 뜻으로 전체적으로는 자신의 가정사가 하늘과 땅에 있으며, 그것을 천안으로 봐야 한다는 것이지요.

나의 입장과
상대방의 입장

서양인 : Don't you like oranges?

No, I don't like oranges.

동양인 : 오렌지를 안 좋아하니?

예, 오렌지 안 좋아해요.

동양의 언어에서는 상대방의 입장을 기준으로 말하는 경우가 많다. 동양인들이 영어를 배울 때 가장 헷갈리기 쉬운 것 중 하나가 부정의문문에 대한 대답이다. "키위를 안 좋아하니? Don't you like kiwis?" 하는 질문에 대답할 때 만약 키위를 좋아한다면 우리말로 대답할 때는 '아니오'가 된다. 상대가 "안 좋아하니?" 하고 부정형으로 물었기 때문에 상대의 의견을 기준으로 하면 대답은 '아니오'가 맞다.

그러나 영어로 대답할 때는 '예 Yes' 하고 말해야 올바른 표현이 된다. 여기에서 '예'라는 표현은 '오렌지를 좋아한다.'는 표현을 긍정하기 위한 것이다. 서양인들은 상대의 질문이 긍정문이든 부정문이든 상관없이 대답하는 사람 자신의 의견을 기준으로 대답한다.

동양의 엄마들이 자녀들에게 말하는 방식을 보면 "엄마는 이렇게 생각해. 엄마가 해줄게. 엄마한테 줘봐." 하는 식으로 자신을 '엄마'라고 지칭하는 것을 알 수 있다. 교사들도 마찬가지다.

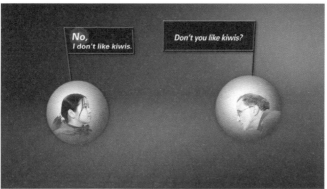

▲▲ 상대의 의견을 기준으로 대답하는 동양인
▲ 자신의 의견을 기준으로 대답하는 서양인

"선생님한테 주세요." 하는 식으로 자신을 '선생님'이라고 지칭한다. 이것은 자신이 대화하고 있는 상대방, 즉 아이의 입장에서 자신을 부르는 방식이다.

그러나 서양의 엄마나 교사들이 아이들에게 말하는 방식을 보면 주로 '나'를 언급한다는 것을 알 수 있다. 자기 자신의 입장과 생각을 강조해서 표현하는 것이다. 이런 사소한 관습을 통해 동양의 아이들은 상대방의 관점에서 생각하는 훈련을 받게 되고, 서양의 아이들은 자신의 관점에서 생각하는 훈련을 받게 된다.

이러한 언어습관의 차이는 도처에 나타난다. 우리나라 사람들은 물에 빠져서도 "사람 살려." 하고 외치지만 영어권의 사람들은 "Help me$^{(나를 도와주세요)}$." 하고 외친다. 위기의 순간에도 자신의 존재를 '사람'이라고 지칭하는 것과 '나'라고 지칭하는 문화의 차이 속에는 자기 존재에 대한 동서양 인식의 차이가 반영되어 있다고 할 수 있다.

동양인이 상대방의 입장을 기준으로 생각하는 현상은 일상생활에도 많이 나타난다. 음식문화에도 이러한 특성이 반영되어 있다. 서양의 음식은 빵, 샐러드의 채소, 스테이크 고기 등과 같이 덩어리째 나오는 것이 일반적이다. 먹는 사람이 개인의 취향에 따라 먹을 수 있도록 통째로 나오기 때문에 나이프와 포크가 필요하다.

그러나 동양의 요리는 먹는 사람이 편하게 먹을 수 있도록 잘게 잘라져 나온다. 동양에서 젓가락 문화가 가능한 것은 음식들이 모두 먹기 좋은 크기로 미리 잘라져 나오기 때문이다. 이렇게 상대방의 입장에 서서 그 처지를 헤아리는 태도를 '역지사지易地思之'라고 한다. 동양의 젓가락 문화는 상대방 입장에 서서 배려하는 마음, 즉 역지사지의 태도에서 비롯되었다고 할 수 있다.[25]

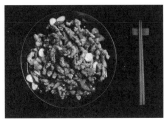

동양의 젓가락 문화는 역지사지의 태도에서 비롯되었다.

서양인들은 종종 청하지도 않았는데 자기 커피에 크림과 설탕을 넣어주는 동양인을 이해할 수 없다고 말한다. 동양인에게는 배려의 표현이 서양인에게는 개인의 자율적 선택권을 침해하는 일로 받아들여지기도 하는 것이다. 반대로 동양인들은 종종 서양인 친구의 집에 방문했을 때 친구가 냉장고 문을 열면서 "알아서 먹어Help yourself." 하고 말하는 것을 보고 성의가 없고 무례하다고 느낀다고 말한다. 동양에서는 상대방의 취향과 상태를 배려해서 가장 좋다고 생각하는 것을 알아서 제공하는 것이 좋은 접대라고 생각하기 때문이다. 그러나 서양인은 다른 사람의 음식 취향을 자기가 일일이 챙길 필요가 없다고 생각한다. 그것은 철저히 개인의 영역이라고 판단하기 때문이다.

헤이즐 마커스 스탠포드대학교 심리학과 교수

미국에서는 친구가 집에 방문하면 주인은 보통 "잘 지냈니? 뭐 마실래? 생수, 콜라, 다이어트 콜라, 커피, 차?" 하는 식으로 다양한 선택권을 줍니다. 하지만 일본에서는 손님이 뭘 좋아할지를 미리 생각해놓습니다. '여름에 먼 길을 왔으니 더울 거야, 아이스티가 좋겠군.' 그리고는 미리 생각해서 준비한 걸 내놓습니다. 이것은 두 사람 간의 연대감, 상대방과 상황에 대한 배려를 전달하는 것입니다. 이런 맥락에서 아무거나 마음대로 먹으라고 한다면 좀 무례하기까지 한 것이죠. 하지만 미국인이라면 자신이 원하는 걸 표현하고 선택할 수 있는 기회라 생각하고 좋아할 겁니다. 독립적인 자아를 지향하기 때문이지요.

한 문화에서는 사람들이 각자 자기만의 취향과 욕구를 갖고 있으니까 알아서 선택할 수 있도록 해야 한다고 가르치고, 다른 문화에서는 타인의 취향과 욕구를 잘 기억하고 그 사람이 방문했을 때 최대한 신경 써서 배려하라고 가르친다. 이렇게 상반된 문화의 학습은 우리의 일상생활에서 매일매일 일어나고 있다.

동양의 배려문화는 사회적으로 긍정적인 기능을 하기도 하지만 그 정도가 지나치면 문제가 되기도 한다. 일본에서는 사회공포증의 일종인 '대인공포증Tajin Kofusho'이 크게 증가하고 있다. 대인공포증은 자신이 다른 사람들에게 피해를 줄까 봐 극도로 걱정하는 심리증상을 말한다. 자신에게서 냄새가 나서 다른 사람들이 불쾌해할까 봐 외출하기를 두려워하고 방안에서 나오지 않는 현상이 그 대표적인 예다. 이는 타인과의 관계를 지나치게 의식하고 상대방의 입장을 예민하게 헤아려서 발생하는 문화적 정신질환의 일종이라고 할 수 있다.

말하기 교육과
듣기 교육

　서양에서는 독립적인 자아를 갖는 것을 바람직한 것으로 여기기 때문에 자신의 생각과 감정을 적극적으로 표현하도록 장려한다. 서양의 교육은 초등학교에서 대학교에 이르기까지 자신을 표현할 수 있는 기회를 충분히 가질 수 있도록 수업을 진행한다. 5~6살 된 어린아이들조차 학교에 자기가 가장 좋아하는 물건을 가져와서 얘기하는 '보여주고 설명하기Show and tell' 시간을 갖는다. 아이들이 앞에 나가 "이건 내 곰 인형인데, 이름은 트로이고 할머니가 여행 중에 사주셨어." 하는 식으로 자기가 뭘 좋아하는지를 표현하는 것을 연습하는 시간이다.

　모든 교육단계에서 이러한 연습은 계속 이루어진다. 고등학교나 대학교에서는 세미나 등을 통해 교수가 학생에게 항상 본인의 의견을 말하게 한다. 읽은 책의 내용에 동의하는지, 동의하지 않는지, 왜 그런지를 항상 묻는다. 서양은 이런 비판적인 사고를 매우 중시한다. 최고의 아이디어는 비판적 사고에서 나온다고 믿기 때문이다. 이때, 비판적 사고는 자신의 의견을 표현하는 데에서 출발한다.

　그러나 동양문화에서는 배움에 대해서 전혀 다르게 생각을 한다. 동양에서 교육은 선생님이 가르치는 지식을 아이들이 받아들이고 이해해야 하는 과정이다. 선생님은 아이들보다 먼저 공부했고 가장 잘 알고 있는 사람이기 때문에, 아이들은 백지 상태에서 가능한 많은 지식을 흡수할 것을 요구받는다. 특히 처음 배울 때는 가능한 한 많이 이해하고 사고하도록 가르친다. 내용을 제대로 알고 이해하기도 전에 논쟁하고 비판하는 것은 적절치 않다고 생각하기 때문이다.

미국에서 교수가 질문하기를 꺼리는 일본학생들에게 질문 좀 해보라고 하면 "이게 질문할 만한 내용입니까? 제가 이런 질문을 해도 되나요?" 하고 반문한다고 한다. 동양의 아이들은 잘 모르는 내용에 대해서는 계속 경청하고 공부해야 한다고 생각하는 것이다.

동양인은 발표를 할 때 다른 사람의 의견을 적절하게 종합·정리하는 경향이 있다. 동양의 학생들은 A는 이렇게 말했고 B는 저렇게 말했는데 둘 다 틀린 의견은 아니니까 둘을 절충하면 좋을 것 같다는 식으로 말하는 것이다. 이런 발표방식은 서양에서 좋은 점수를 받기가 힘들다. 서양에서는 스스로 생각한 자신만의 주장을 내세우지 못하면 좋은 평가를 받지 못한다. 하지만 어느 한 쪽의 방식이 옳거나 그르다고 말할 수는 없다. 서양에서는 자신의 내면에서 발견한 생각을 밝히는 게 중요하지만, 동양에서는 타인의 의견을 중요하게 참고하고 종합해서 전체적인 이해를 갖는 것이 자신의 생각에만 몰두하는 것보다 더 낫다고 생각한다.

미국에는 '대나무 천장Bamboo ceiling'이라는 말이 있다. 이는 직장에서 동양인이기 때문에 갖는 제약을 뜻하는 단어다. 물론, 많은 동양인들이 미국에서 성공하고 있지만, 리더십을 발휘하고 관리자 역할을 담당해야 하는 최고경영자 위치에 오르는 동양인은 생각보다 적다. 빠른 결정을 내리고 위험을 감수하며 자기의 능력을 적극적으로 과시하는 미국식 리더십의 자질을 갖추기가 상대적으로 어렵기 때문이다.

지나치게 신중해서 말하기를 주저하고 전체 그림을 그리기 위해 정보를 수집하는 데 너무 많은 시간을 보내거나, 다른 사람의 의견을 경청하기만 하는 사람은 너무 수동적이라서 리더십이 부족하다고 평가된다. 그러나 동양에서는 여러 사람들을 잘 통솔하고 다양한 의견을 종합, 수렴할 수 있는 능력이 훌륭한 리더의 자질이라고 생각한다. 이러한 동서양의 차이 역시 문화적 학습의 차이에서 비롯된다. 각 문화마다 훌륭한 사람에 대한 기준이 다른 것이다.

눈으로 말하는 동양,
입으로 말하는 서양

한국과 일본에서는 기쁨을 표현하는 이모티콘으로 'ㅅㅅ', 'ㅅ_ㅅ' 등을 사용하고 슬픔을 표현하는 이모티콘으로 'ㅜㅜ', 'ㅠㅠ'^(한국), ';_;'^(일본) 등을 사용한다. 이 이모티콘들의 공통점은 눈꼬리를 올리고 내림으로써 감정을 표현한다는 것이다. 반면, 미국에서는 기쁨을 표현하는 이모티콘으로 ':)'을, 슬픔을 표현하는 이모티콘으로 ':('을 사용한다. 이 이모티콘들의 공통점은 입꼬리를 올리고 내림으로써 감정을 표현한다는 것이다.

동양인들은 눈으로 감정을 표현하고 서양인들은 입으로 감정을 표현한다. 이것은 무엇을 의미할까? 눈은 사람이 근육을 움직여서 통제하기가 입보다 훨씬 어려운 부위다. 그렇기 때문에 눈에서 감정변화를 읽는 것은 매우 미묘하고도 어려운 일이다. 동양인들은 일반적으로 감정을 절제하는 데 익숙하기 때문에 서양인에 비해 더 미묘한 방식으로 감정을 표출한다.

서양인들은 얼굴에서 가장 적극적으로 통제할 수 있는 부위인 입을 통해 감정을 드러낸다. 서양인들은 입꼬리를 올려 활짝 웃거나 내려서 찡그리는 표정을 자유자재로 연출할 수 있다. 서양인들은 보통 동양인을 보고 표정이 없다고 하는데 이는 서양인들이 훨씬 적극적으로 자신의 감정을 얼굴표정에서 드러내기 때문이다.

미국에서는 크게 웃으면서 감정을 표현하는 일이 자연스럽다. 하지만 동양에서는 감정을 절제하는 게 더 자연스럽다. 그렇기 때문에 동양인들은 웃을 때도 입 근육을 많이 쓰지 않는다. 오히려 입보다는 눈을 보는 게 상대방의 감정을 알아차리는 데 더 도움이 된다고 믿는다. 눈은 통제가 어렵기 때문에 미묘한 차이를 드러내는 창구가 되고 동양인들은 상대방의 이러한 미묘한 감정변화를 파악하는 데 서양인들보다 훨씬 능숙하다.

사람의 눈은 통제가 어렵기 때문에 개인이 감정을 표현하려고 하거나 혹은 억누르려고 할 때 의지대로 되지 않는다. 감정을 억누르려고 해도 그 감정이 눈을 통해 새어나오기 마련이다. 거짓으로 기쁜 척을 하려 해도 슬퍼 보이는 눈빛만큼은 속일 수 없다. 숙련된 연기자가 아니라면 자기 마음대로 눈물을 흘리거나 멈추기는 어렵다. 반대로 정말로 기쁠 때는 자기도 모르게 눈이 빛나기 때문에 자신의 의지와 상관없이 상대방이 알아차릴 수 있다.

그렇기 때문에 감정표현을 적극적으로 하지 않는 동양사회에서는 상대방의 감정을 알아차리기 위해서 눈을 관찰한다. 눈을 통해 상대방이 기쁜지 슬픈지를 판단하는 것이다. 반면 서양사회에서는 자기 감정을 적극적으로 표현하도록 장려한다. 입으로 활짝 웃거나 크게 찡그리는 표정을 다양하게 만드는 데 자유롭기 때문에 서양인들은 감정을 숨기는 일에 익숙하지 않다.

동양에서는 예로부터 웃을 때 입을 손으로 가리는 것이 예의라고 생각해왔다. 입을 통해 상대방에게 자신의 감정을 드러내보이는 것을 예의에 어긋난다고까지 생각했던 것이다. 이 경우 눈이 감정을 판단하는 데 있어 유일한 기준이 된다. 이 때문에 동양에서 '눈치'라는 말까지 생겨난 것인지도 모른다.

이러한 동서양의 감정표현 차이 때문에 동양인과 서양인이 커뮤니케이션을 할 때 많은 오해가 생겨난다. 동양인에게는 서양인의 적극적인 감정표현 방식이 지나치게 과장되거나 가식적으로 느껴질 수 있다. 반면 서양인에게는 동양인의 소극적인 감정표현 방식이 지나치게 무뚝뚝하거나 차갑게 느껴지기도 한다.

동양인의 웃는 모습을 서양인들은 '오리엔탈 스마일(묘한 웃음)'이라고 부른다. 서양인들의 눈에 동양인들은 표정이 애매모호해서 그 심중을 헤아리기 어렵다는 의미를 담고 있다. 서로의 감정표현 방식을 더 정확하게 이해한다면 이러한 오해를 줄이는 데 큰 도움이 될 것이다.

지식+
knowledge plus

눈치의 관계학

'절에 가서도 눈치가 있으면 젓국을 얻어먹는다.'

한국인들은 '눈치'가 발달했다고 한다. 이것은 자기 생각을 있는 그대로 표현하기를 꺼려 감정표현을 억제하는 한국인의 특징에서 비롯된다. 한국인들은 직접적으로 표현하지 않더라도 상대방이 내 의도를 스스로 알아주기를 기대하는 심리가 강하다. 그렇다면 우리는 어떤 때 눈치를 볼까? 다음은 대학생들을 대상으로 설문지를 이용하여 언제 눈치를 보느냐고 질문한 결과다.

| 상대방의 자존심을 건드리지 않고, 기분을 상하게 하지 않으려고

| 상대방에게 압박감을 주거나 그를 난처하게 만들지 않으려고

| 상대방의 반응이 불확실할 때

| 상대가 자신을 어떻게 생각할지 걱정될 때

| 체면, 자존심 때문에

| 쑥스럽기 때문에

| 관계를 원만하게 유지하기 위해[26]

설문결과, 한국인들은 상대방에 대한 배려와 자신의 체면이나 인상관리, 부드럽고

원만한 대인관계 유지를 위해 눈치를 보는 것으로 나타났다. 이러한 '눈치문화'는 한국사회의 체면문화와 밀접하게 관련되어 함께 발전해왔다.

타인에게 긍정적인 평가를 받고, 자존심과 체면을 유지하기 위해서는 상황과 역할에 맞게 자신의 생각을 표현해야 한다. 이때, 사람들 사이에 주고받는 표현은 형식적인 틀에 매여 의례적인 성격을 띠기 쉽다. 그리고 진정으로 전달하고자 하는 의도는 그 이면에 감춰지게 된다. 그래서 한국사회에서는 사람들의 의례적인 행동 뒤에 숨은 진정한 의도를 파악하는 능력, 즉 눈치가 중요한 것이다.

동서양의
커뮤니케이션 차이

동양인과 서양인에게 'happy^(행복한)'라는 단어를 밝고 경쾌한 톤으로 한 번, 어둡고 무거운 톤으로 한 번, 이렇게 각각 두 번 들려주고 단어를 발음하는 목소리의 톤에 상관없이 단어의 의미를 판단해보라고 했다. 어떤 결과가 나타났을까?

밝고 경쾌한 톤으로 발음한 'happy'에 대해서는 동양인과 서양인 모두 원래의 의미대로 이해했다. 그러나 어둡고 무거운 톤으로 발음한 'happy'에 대해서는 서양인은 아무런 차이를 보이지 않은 반면, 동양인은 원래의 의미대로 단어를 이해하는 데 어려움을 겪었다. 'happy'라는 단어를 발음하는 목소리의 톤이 원래의 '행복한'이라는 긍정적 의미와 배치되게 어둡고 무거워지자, 단어의 의미를 파악하는 데 방해를 받은 것이다.

서양인은 말을 들을 때 말의 의미에만 집중하는 반면, 동양인은 말에서 느껴지는 감정까지도 함께 듣는다. 그래서 의미상으로 들은 것과 감정상으로 판단한 것이 일치하지 않을 때 갈등을 느낀다. 이렇게 말의 표면적인 의미뿐만 아니라 목소리의 톤이나 이야기의 맥락 등 정보를 통해 의미를 전달하는 것을 '고맥락적 커뮤니케이션^{High-context communication}'이라고 한다.

동양의 커뮤니케이션은 서양에 비해 고맥락적이다. 동양언어에서는 듣는 사람이 맥락을 고려해 잘 알아들을 거라는 가정을 하기 때문에 분명한 표현이 불필요할 뿐 아니라 오히려 모호한 표현이나 반어적 표현을 즐겨 사용하기도 한다. 이 과정에서 상대방의 마음을 읽고 파악하는 사회적 게임이 발달하게 된다. 이에 반해 서양인은 맥락보다는 말하는 내용의 의미 자체에 집중하는 '저맥락적 커뮤니케이션Low-context communication'을 한다. 맥락과 상관없이 언제나 'Yes는 Yes, No는 No'인 것이다.

이런 차이로 인해 동양인과 서양인 간에 잦은 오해가 발생한다. 서양인들은 동양인들이 말하는 예, 아니오에 대해 혼란을 느끼는 때가 많다. 동양의 언어습관에서는 '예'라고 말하면서도 '아니오'를 의미할 때가 종종 있다. '아니오' 대신 '글쎄', '고려해보겠다' 같은 간접적 표현을 쓰기도 하고, 침묵이나 미소로 대신하는 경우도 다반사다. 이러한 반어적 표현이나 애매한 표현들이 말의 의미를 있는 그대로 받아들이는 데 익숙한 서양인에게는 혼란스럽게 느껴질 것이다. 그러나 말하는 사람의 목소리 톤이나 전후 문맥, 상황을 고려해서 의미를 판단하는 동양인들에게는 익숙한 일이다.

확실한 것을 좋아하는 서양인들은 '틀림없다, 정확하다certainly, surely, exactly, absolutely'와 같은 표현을 좋아한다. 이는 우리가 '아마도', '글쎄'와 같은 열린 표현을 즐겨 쓰는 것과 매우 대조적이다.

"동양사회의 문화는 언어의 메시지뿐만 아니라 상황의 맥락을 이해해야 상대방의 진의를 파악할 수 있는 고맥락 문화다."
– 에드워드 홀, 《침묵의 언어》

지식+
knowledge plus

이심전심의 고맥락 커뮤니케이션

"한국인들은 식사 때 남의 집을 방문하는 경우 으레 밥을 먹었다고 거짓말을 하지만 이를 곧이듣는 사람은 별로 없다. 학생들이 수업하는 교실에서 교사가 설명 끝에 '알겠습니까?' 하면 학생들은 이해여부를 떠나 '예' 하고 큰 소리로 대답하는 것이 예의다."

― 동아일보, 〈한국인 진단〉

밥을 먹지 않았는데도 먹었다고 말하고, 선생님의 설명을 알아듣지 못했는데도 선생님이 물어보면 '예' 하고 대답한다. 심리학자 최상진 교수는 이것을 두고 상대방의 입장과 심정을 배려한 의례성 응답이라고 설명한다. 한국인들이 하는 '마음에 없는 소리'는 의도적인 거짓말과는 다르다. 한국인들은 상대방을 배려하고 비위를 건드리지 않기 위해 우회적인 표현을 쓰는 데 익숙한 것이다.

거짓말이 때로는 미덕이 되기도 한다. 있어도 없는 척, 아파도 안 아픈 척, 좋아도 좋지 않은 척, 싫어도 싫지 않은 척하는 것은 모두 상대방에 대한 배려에서 비롯된다. 거짓말이 아닌 거짓말, 반대로 말해도 본심을 알아주기를 바라는 마음, 이것이 바로 동양의 '이심전심(以心傳心)'의 문화다.

'척 하면, 착 하고 안다.'는 말도 있지 않은가. 동양에서는 사람의 속마음을 꼭 말로 다 표현해야 알 수 있는 것은 아니라고 믿어왔다.

02

동서양의
공동체
의식

서양은 일찍이 교역문화가 발달했다. 덕분에 개인의 능력이 매우 중요했으며, 개인의 권리와 책임은 가장 중요한 덕목이 되었다. 반면 동양에서는 쌀농사를 중심으로 하는 농경문화가 발달했다. 쌀농사는 집단이 다 함께 힘을 합쳐야 할 수 있는 일이기 때문에 개인의 능력보다 집단의 화합이 훨씬 더 중요하다. 그 결과 동양에서는 독립된 자아를 지닌 개인의 개념이 서양만큼 발달하지 못했다.

주위를 의식하는
동양인

　행복해보이는 표정의 주인공 뒤에 여러 사람들이 서 있다. 첫 번째 그림에는 주변 사람들이 행복한 표정을, 두 번째 그림에는 주변 사람들이 불행한 표정을 짓고 있다. 첫 번째 그림 속에 있는 주인공은 행복한가? 또, 두 번째 그림 속에 있는 주인공은 행복한가?

"네, 두 사람 모두 행복해보여요."

"둘 다 행복하다고 생각해요."

"첫 번째 사람은 행복하고, 두 번째 그림의 사람은 행복하지 않아요."

"첫 번째 사람은 행복해 보이는데, 두 번째 그림의 사람은 그렇지 않네요."

서양인들은 첫 번째 그림이나 두 번째 그림 모두 주인공이 행복하다고 대답을 했다. 반면 동양인들은 첫 번째 그림 속 주인공은 행복하지만, 두 번째 그림 속 주인공은 행복하지 않다고 대답을 했다. 두 번째 그림 속 주인공을 둘러싼 주변 사람들 표정이 밝지 않은 것에 주목하고 주인공 역시 행복하지 않을 것이라는 판단을 내린 것이다.

서양인들은 주변인들의 표정에 상관없이 주인공의 표정에만 주목했다. 이에 반해 동양인들은 주인공의 감정상태를 판단하는 데 있어 주변인들의 표정까지 참고했다. 결국 동양인들은 한 사람의 감정을 판단하는 데 있어서도 그 사람이 처한 환경이나 둘러싼 사람들을 함께 관찰한다는 사실을 알 수 있다.

어떤 사물이나 사람을 둘러싸고 있는 것, 또는 그 환경을 '주위周圍'라고 한다. 가까이에 있는 사람들을 일컫는 말이기도 하다. 우리는 일상생활에서 '주위를 둘러보다', '주위 환경을 살펴보다', '주위 시선을 의식하다'와 같은 말들을 많이 쓴다. 이는 주변을 둘러싼 환경이나 사람들을 예민하게 살피고 그로부터 많은 영향을 받는 동양인들의 습성을 잘 드러낸다.

다카 마스다, 앨버타대학교 심리학과 교수

그림 한가운데 있는 사람의 얼굴 표정을 보고 그 사람이 행복한지 행복하지 않은지를 판단하게 하는 실험을 했습니다. 가운데 있는 사람만을 관찰하고 판단하는 것이 과제였기 때문에 주변정보는 볼 필요가 없었습니다. 하지만 저는 주변정보를 중시하는 사람이라면 주변을 함께 살펴서 주변정보와 중심정보를 종합하는 태도를 보일 것이라고 생각했습니다.

실험결과, 서양인들은 전체 그림의 가운데 인물만을 집중적으로 바라보았습니다. 과제에서 하라는 대로 중심인물만 본 것이죠. 주변인물들이 행복한 표정, 화난 표정, 슬픈 표정으로 다양하게 바뀌어도 별로 신경 쓰지 않고 중심인물의 웃는 표정에 대해서만 일관성 있게 답변을 했습니다.

반면 동양인들은 주인공의 감정상태를 판단하는 데 있어 주변인물들의 표정변화에 매우 큰 영향을 받았습니다. 주변인물들의 표정에 따라 주인공의 감정상태를 다르게 해석한 것이죠. 이 실험은 동양인이 주변정보를 아주 주의 깊게 살핀다는 사실을 증명합니다.

입장을 고려하는
동양문화

정글 속 호랑이 사진을 보여주면서, 동양인과 서양인의 눈 동자가 어떻게 움직이는지를 관찰해보았다.

서양인들은 중심사물인 호랑이에 시선을 먼저 두고 더 오 래 고정시키는 것에 비해, 동양인들은 중심과 배경 전체에 폭넓 은 눈동자의 움직임을 보였다. 특히 배경인 정글에 대한 관찰이 두드러졌다.

　　동양인들은 습관적으로 사물이 처한 주변상황을 주의 깊게 살펴본다. 서양인들에게는 중심사물이 어떤 상황에 놓여 있는지와 상관없이 언제나 같은 존재로 인식되지만, 동양인에게 정글 속에 있는 호랑이는 동물원에 갇혀 있는 호랑이와 전혀 다른 존재로 인식된다.

　　동양인의 시각으로 보면 중심사물은 항상 주위 상황에 따라서 영향을 받는다. 여기서 중심사물을 둘러싼 주위 상황은 결국 하나의 장이라고 볼 수 있다. 중심사물은 항상 자신을 둘러싼 장 속에 위치하고 있는 것이다. 장 속에 위치하고 있다는 말은 우리가 자주 쓰는 '입장场'이라는 단어와 통하는 의미이기도 하다. 입장을 다른 말로 하면 '맥락'이라고 표현할 수도 있다. 동양인은 대상을 볼 때 그 대상이 처한 입장, 즉 맥락을 알지 못하면 그 대상의 상태를 충분히 알 수 없다고 믿는다.

입장(立場)

　그러나 서양인들은 대상에 대해서 알기 위해 대상 자체의 속성을 알아야 한다고 믿기 때문에 맥락적인 배경 정보에는 별로 관심이 없다. 이러한 서양인들의 사고방식은 '탈맥락적'이라고 할 수 있다. 그렇기 때문에 서양인들의 시야는 동양인에 비해 훨씬 더 좁다. 파악하고자 하는 특정 대상에만 집중할 뿐, 그 밖의 물리적 환경이나 사회적 환경에 주의를 기울이지 않는 것이다.

　결국 동양인과 서양인은 세상을 전혀 다른 시야로 바라본다고 할 수 있다. 일상생활에서도 동양인은 환경적 정보에 더 민감하다. 예를 들어 누군가의 표정을 관찰할 때, 얼굴 표정을 보는 것도 중요하지만 주변의 분위기나 맥락을 고려하는 것도 중요한 것이다. 실제로 동양사회에서 생존하기 위해서는 이런 기술이 필수적이다. 우리가 종종 쓰는 '눈치가 없다' 혹은 '분위기 파악을 못한다'는 표현들이 바로 이런 기술의 중요성을 가정하고 있는 것이다. 반대로 서양사회에서는 개인이 생존하기 위해서 주요 사안이 무엇인지를 파악하는 능력이 더 강조된다.

리처드 니스벳, 미시간대학교 심리학과 교수

우리는 정글 속에 있는 호랑이 같이 중심사물이 두드러져서 눈
길을 끄는 사진을 준비했습니다. 그리고 사람들이 사진의 어느
부분을 보는지 시시각각 알려주는 안구운동 측정기구를 설치했
습니다. 서양인들은 호랑이 같은 두드러진 중심사물을 주로 보
는 데 반해, 동양인들은 배경을 보는 데 훨씬 많은 시간을 썼습
니다. 특히 호랑이 한 번, 배경 한 번 하는 식으로 배경과 중심사
물을 한 번씩 번갈아가면서 보더군요. 중심사물과 배경 간의 안
구 움직임이 훨씬 활발했죠. 동양인들은 더 여러 번 배경을 바라
봤고 배경에 있는 것들과 중심사물 간의 관계에 더 많이 주목했
습니다.

그것의 뒤를 보라,
배경

동서양의 전통적인 초상화들을 비교해보라. 맥락적인 정보에 대한 동서양의 관심의 차이를 잘 알 수 있다. 서양의 초상화는 사람 자체의 속성에만 관심을 갖는 서양적인 관점을 반영해 인물을 크게 그린다. 그러나 동양의 초상화는 그 인물이 처한 상황의 맥락을 알기 위해 배경을 함께 그리기 때문에 전체 그림에서 인물이 차지하는 비중이 상대적으로 작다.

다카 마스다, 앨버타대학교 심리학과 교수

만약 동양인이 배경정보를 중시한다면 그림을 그릴 때도 중심사물뿐 아니라 배경정보를 많이 담을 것이라고 생각했습니다. 그래서 두 문화권의 명화들을 비교해보았죠. 미국과 한국, 중국, 일본의 유명 박물관에 있는 각국의 명화에 대한 정보를 수집해 각각의 초상화 속 중심인물의 크기를 조사했습니다. 연구결과, 서양화 속 인물의 크기가 동양화 속 인물의 크기보다 평균적으로 크다는 사실을 발견했습니다. 동양화 중에는 인물화조차 배경을 중심으로 그려진 것들이 상당히 많았습니다.

이러한 차이는 현대의 동서양인들에게서도 나타난다. 서양의 대학생과 동양의 대학생들에게 친구의 사진을 찍어주도록 요청했다. 그 결과, 서양의 대학생들은 친구의 사진을 찍을 때

동양의 초상화

서양의 초상화

사람이 화면에 꽉 차도록 인물을 중심으로 찍는 경향을 보였다. 그러나 동양의 대학생들은 넓은 구도로 인물과 배경을 함께 담아 사진을 찍었다.

인물이 꽉 차게 사진을 찍는 서양인   인물과 배경을 함께 찍는 동양인

　보통 여행지에서 동양인들은 장소가 바뀔 때마다 새로운 사진을 찍는다. 동양인들에게는 배경, 즉 맥락에 따라 중심사물도 달라 보이기 때문에 배경이 바뀔 때마다 새로운 맥락 속에 있는 자신의 모습을 즐기고 싶어 한다. 그러나 서양인들은 인물을 중심으로 사진을 찍는 경향이 높기 때문에 동양인만큼 많은 사진을 찍지 않는다.

다카 마스다, 앨버타대학교 심리학과 교수

　이 실험은 저의 실제 경험에서 비롯된 것입니다. 미국의 한 파티에 간 적이 있습니다. 사람들이 서로 사진을 찍어주고 있었죠. 그리고 얼마 후에 친구가 파티 때 찍은 것이라며 사진을 보여줬습니다. 저는 사진 프레임 속에 제 얼굴이 생각했던 것보다 크게 찍혀 있어서 놀랐습니다. 제 미국인 친구는 뒤의 배경은 무시하고 제 얼굴만 중점적으로 사진을 찍었더군요. 저는 얼굴이 너무 크지 않느냐고 말했죠. 하지만 제 친구는 저를 중심으로 찍은 것이 니 얼굴이 크게 나올수록 좋지 않느냐고 하더군요.

저는 그런 식으로 사진을 찍어본 적이 없어서 당황했습니다. 일 본에서는 배경정보를 매우 중요하게 생각하기 때문에 유원지 같 은 곳에 놀러 가면 자신뿐만 아니라 뒤에 있는 건축물도 잘 나오 게 사진을 찍어달라고 부탁하거든요. '내가 어디 어디에 있었다' 는 사실을 강조하기 위한 사진을 찍는 거지요. 하지만 서양인들 은 사진을 찍을 때도 배경정보는 제쳐두고 주인공의 표정 같은 것에 집중하는 경향이 있다는 걸 알게 되었습니다.

'내 탓이오'의
파급효과

동양인과 서양인에게 각각 교통사고가 일어난 상황의 시
나리오를 읽어주었다. 그리고 차 사고의 원인이 자신에게 있다
고 가정할 경우 어느 정도까지 책임을 느끼는지 물었다.

서양인의 경우 자기 차의 파손에 대해서만 책임과 유감을
표현했다. 동양인의 경우 자기 차의 파손, 상대방 차의 파손, 사
고로 인한 교통체증으로 피해를 입은 다른 사람들, 그리고 그
교통체증으로 일어난 다른 지역의 교통사고 등 모든 직간접적
인 상황에 대해 자신이 책임을 느낀다고 대답했다. 그리고 자기
차의 파손보다도 교통체증으로 피해를 입은 도로 위의 사람들,
그로 인해 다른 지역에서 일어난 사고에 대해 가장 큰 유감을
표시했다.

동양인은 항상 모든 사물과 현상이 맥락 속에 놓여 있다고
생각하기 때문에 어떤 사건이 생기면 그 사건의 원인이나 결과
에 대해 서양인보다 훨씬 넓은 시야를 가지고 생각한다. 그러므
로 자신의 특정 행동이 가져올 결과와 그 결과가 다시 다른 결
과를 가져오리라는 생각을 자연스럽게 하게 되고 이 모든 것에
대해 큰 책임감을 느끼는 것이다.

그러나 서양인은 자기가 한 일은 자기 자신에게만 영향을
미친다고 생각하기 때문에 타인에 대한 책임감이 약하다. 서양
인은 본인이 일으킨 사고로 5만 명의 시간이 지체되었다고 말

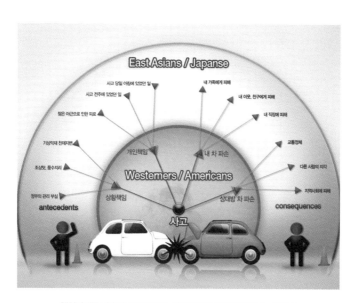

책임관계를 단순하게 파악하는 서양인과 복잡하게 파악하는 동양인

해주어도 그건 자기 책임이 아니라고 대답한다. 오히려 그 사람들이 다른 길로 갈 수도 있었고 다른 시간에 지나갈 수도 있었던 것이니 그들의 책임이라고 말한다. 이처럼 동양인은 서양인에 비해 모든 사건의 원인과 결과가 훨씬 복잡하다고 생각하는 경향이 있다.

최인철, 서울대학교 심리학과 교수

사람들의 행동을 결정하는 요소가 동양과 서양이 각각 다릅니다. 동양사람들은 사람을 전체적인 맥락 속에서 파악합니다. 전체 맥락에서 일어나고 있는 조그만 변화에 의해서도 사람들의 행동이 영향을 받는다고 생각하기 때문에 한 사람의 행동, 하나의 사건을 해석하는 데 있어서 매우 다양한 요인들을 고려합니다. 그러나 서양사람들은 사람을 맥락으로부터 독립적인 하나의 완결된 주체라고 보기 때문에 그 사람 내부에 있는 것만으로도 설명이 충분하다고 보는 관점을 갖고 있습니다.

동양인들이 하나의 사건이 가지는 엄청난 파급효과를 생활 속에서도 이해하고 있다는 사실로 미루어 '나비효과Butterfly effect'는 동양인의 사고방식과 유사한 개념이라고 이해할 수 있다. 여기서 나비효과란, 중국 베이징에 있는 나비의 작은 날갯짓이 다음 달 미국 뉴욕에서 폭풍을 발생시킬 수도 있다는 과학이론으로 어떤 일이 시작될 때 있었던 아주 작은 양의 차이가 결과에서는 매우 큰 차이를 만들 수 있다는 의미다.

일본의 기차 사고 기사

윌리엄 매덕스 INSEAD 조직행동학과 교수

제가 일본에 있을 때 신문에서 사람이 기차나 지하철에 치였다는 기사를 읽은 적이 있습니다. 그런데 기사 마지막에는 항상 이 사건으로 얼마나 많은 사람들이, 얼마나 오랫동안 연착하게 됐는지를 언급하더군요. 미국에서는 기사에서 그런 정보를 전혀 다루지 않습니다. 한 사람이 죽은 비극적 사건이었다는 결론으로 끝날 뿐이죠. 하지만 일본 기자들은 모든 간접적인 결과, 즉 기차가 연착되고 많은 사람들이 피해를 봤다는 내용에 주의를 기울였습니다. 동양인은 교통사고가 나면 그것은 한 개인의 잘못만 개입되어 있는 게 아니라 그 사람이 아침에 집에서 겪은 일, 사고 전주에 있었던 일 등 상황적 원인이 개입되어 있다고 보는 것이지요. 미국인은 교통사고가 났다는 사실 자체만 보고 끝납니다. '파급 효과'라는 것은 동양인이 한 사건의 결과를 볼 때조차 넓은 시야를 갖고 있다는 것을 설명합니다.

교통사고가 나면 어떤 결과가 있을 수 있을까요? 동양인은 내 차가 파손된 것, 상대방의 차가 파손된 것, 도로 위의 많은 사람들에게 교통정체를 일으킨 것, 다른 사람들이 회사에 지각하고 상사에게 혼날 일, 다른 사람들이 집에 늦게 들어갈 일 등등 모든 종류의 간접적인 결과를 인식합니다. 여러 가지 간접적인 원인을 생각하는 것처럼 여러 가지 간접적인 결과를 생각하는 것이지요. 이것을 종합하면 동양인은 세상에 대해 매우 넓은, 전체적 관점을 갖고 있다는 것을 알 수 있습니다. 서양인의 관점과는 아주 다르죠.

'우리' 중심의 문화,
'나' 중심의 문화

서양의 집에는 담장이 없고 마당이 개방되어 있는데 반해, 동양의 집은 높은 담장으로 둘러져 있고 큰 대문이 있다. 그러나 집 내부는 정반대다. 서양은 집 안에서도 사생활이 중시된다. 욕실뿐 아니라 침실, 거실, 부엌에도 각각 문이 달려 있다. 공간과 소유가 개인화되어 있기 때문이다. 부모가 아이들 방에 마음대로 출입할 수 없고, 아이들도 함부로 부모 방에 들어갈 수 없다. 심지어는 부부 간에도 각자의 영역을 두는 경우가 많다. 반대로 동양에서는 집 안에서의 사생활이 거의 존재하지 않는다. 아이들은 청소년기까지 부모와 방을 공유하는 경우가 많고, 아이들만의 소유물이라는 것은 거의 없다.

서양에서는 개인이 사회의 기본 단위이다. 같은 집에 사는 가족구성원끼리도 개인의 사생활을 존중한다. 이때, 개인의 영역인 각자의 방은 매우 중요한 공간이다. 따라서 서양의 집에서는 개인의 방이 가장 폐쇄적인 공간이 된다. 각각의 방은 폐쇄적인 반면, 집 전체는 개방적이다. 서양의 집들은 담이 발달되어 있지 않아 마당이 외부로 개방되어 있다. 이웃과 마당을 공유하기도 한다. 그러나 동양의 집들은 담이 발달되어 있다. 동양은 개인이 아니라 가족이 기본 단위이기 때문에 집 자체가 폐쇄적인 공간이며 개인의 방은 거의 문을 열어 놓고 생활할 정도로 개방적이다.

▲▲ 서양의 일반적인 집의 외형
▲ 동양의 일반적인 집의 외형

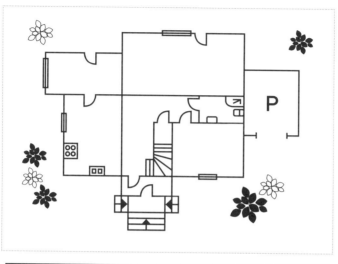

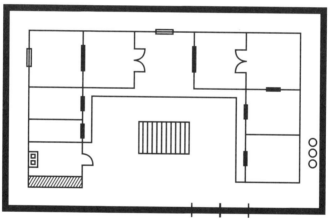

▲▲ 서양의 집 : 방과 방 사이는 폐쇄적이고 집과 집 사이는 개방적이다.
▲ 동양의 집 : 방과 방 사이는 개방적이고 집과 집 사이는 폐쇄적이다.

다음 사진에서 맥주병의 크기를 비교해보자. 왼쪽 사진은 일반적으로 동양인들이 즐겨 마시는 표준 사이즈의 맥주병이고 오른쪽 사진은 서양인들이 즐겨 마시는 표준 사이즈의 맥주병이다.

동양 맥주병의 표준 사이즈는 여럿이 함께 나눠 마실 수 있는 크기이고, 서양 맥주병의 표준 사이즈는 한 사람에 한 병씩 마시도록 되어 있는 크기이다. 동양인은 우리, 즉 자신이 속한 집단을 최소 단위로 여기지만 서양인은 나, 즉 개인을 최소 단위로 여긴다. 이러한 현상은 우리 생활 곳곳에서 나타난다.

한국인은 '우리나라', '우리 집', '우리 학교', '우리 회사'와 같이 '우리'라는 표현을 많이 쓴다. 심지어 '우리 남편'이라는 말까지 있을 정도다. 그러나 이를 'our husband'라고 직역하면 영어로는 매우 어색한 표현이 된다. 이때는 '내 남편My husband' 이라고 하는 것이 올바른 표현이다. 이렇듯 영어에서는 소유를 표현할 때 '우리' 대신에 '나'라는 말을 쓰는 것이 일반적이다.

서양인의 자아는 대체로 개인에 한정된다. 말 그대로 '나는 나'인 것이다. 그러나 동양인의 자아는 나라는 개인에 한정되지

않고 우리로 확장된다. 우리는 내가 속한 가족, 학교, 회사, 나라
에까지 확장된다. 동양인은 특히 가족과 나를 동일시하는 경향
이 크다. 가족이 잘되어야 나도 잘되고, 나의 성공은 곧 가족의
성공이 된다고 생각하는 것이다.

동양에서는 가족과 나를 동일시하는 경향이 있다.

다음 페이지의 그림은 동양인과 서양인의 자아개념을 도
식화한 것이다. 마치 동양의 집에 담이 발달하고 개인의 방은
개방적인 것처럼 동양인은 개인의 자아경계선은 불분명하지만
가족, 친구와 같은 집단경계선은 분명하다. 반면 서양인은 개인
의 자아경계선은 분명하지만 가족, 친구와 같은 집단경계선은
불분명하다. 이 역시 개인의 방은 폐쇄적이지만 집 전체는 개방
적인 서양의 집 구조와 매우 비슷하다.

이렇게 우리를 중심으로 생활하는 동양인과 나를 중심으
로 생활하는 서양인들은 인간관계 방식에 있어서도 차이를 보
인다. 일반적으로 동양인은 일대일로는 매우 친밀하고 깊은 인
간관계를 추구하지만 한 번 집단을 형성하면 그 집단에 속하지

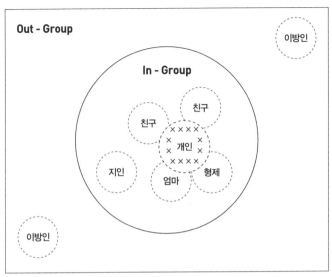

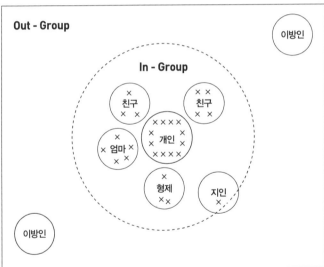

▲ ▲ 동양인의 자아개념 : 개인을 비롯한 가족, 친지, 친구들이 '내 집단'에 포함되어 '나'를 이룬다. 잘 모르는 사람인 '이방인'에 대해서는 배타적이다.

▲ 서양인의 자아개념 : '나'는 가장 작은 단위인 개인으로 존재하며, 가족이나 친구와 이루는 내 집단의 경계가 동양인에 비해 열려 있다.

않은 낯선 사람에 대해서는 매우 배타적인 태도를 취한다. 이는 집단의 경계가 분명하기 때문이다.

반면에 서양인은 낯선 사람과 빠르게 인간관계를 맺는 데 에는 능숙하지만 개인적으로 속마음을 쉽게 털어놓을 수 있는 친밀하고 깊은 인간관계를 맺는 데에는 상대적으로 취약하다. 서양인은 개인의 경계가 분명하기 때문에 사적인 이야기를 타 인과 공유하는 데 동양인에 비해 어려움을 느낀다. 서양인이 중 요하게 생각하는 '개인 프라이버시[사생활 보호]'의 개념이 동양인에 게 낯선 것은 이 때문이다.

서양의 학교에서는 아이들이 여럿이 함께 공동작업을 해 내는 데 어려움을 겪는 일이 종종 발생한다. 혼자서 배우고 스 스로 방어하려는 독립적인 성격 때문이다. 반면 동양의 아이들 은 잘 모르는 것이 있거나 어려움을 겪으면 스스럼없이 친구에 게 도움을 청하는데 서양의 아이들에게 이것은 열등함으로 비 친다. 심지어 친구에게 도움을 청하는 행위를 부정행위로까지 받아들이기도 한다.

서양문화권으로 이민온 지 얼마 안 된 동양학생들은 동양 문화에서 했던 것처럼 친구들과 함께 공동으로 과제를 해결하 려고 했다가 서양학생에게 "안 돼. 네 일은 네가 알아서 해." 하 는 식의 제제를 당하는 일이 많다. 이것 역시 우리 중심의 문화 와 나 중심의 문화 차이가 만들어낸 오해다.

치우 치 위에, **일리노이대학교 심리학과 교수**

동양의 회사에서는 사원이 잘못을 저지르면 사원 당사자만 처벌을 받는 게 아니라 그의 상사도 함께 책임을 집니다. 상사는 아무 잘못도 없는데 말이지요. 이렇게 집단주의 사회에서는 책임도 집단 구성원들이 공동으로 집니다. 하지만 서양에서는 한 개인이 모든 책임을 지는 것이 일반적입니다.

지식＋
knowledge plus

한국의 정(情) 문화

앞에서 서양인들은 사물의 개체성을 강조하는 반면, 동양인들은 고유의 형태보다는 그것을 이루고 있는 물질을 중시하여 사물이 서로 합쳐질 수 있는 동질성을 강조한다고 밝힌 바 있다. 서양인들에게 전체라는 것은 개체들이 모여서 이루어진 '집합(collectiveness)'의 개념이다. 그러나 동양인에게 있어서 전체란 개체성이 없는 하나의 덩어리와 같은 상태, 즉 '일체(one-ness)'의 상태를 의미한다.

이러한 사물에 대한 관점의 차이는 인간에 대한 관점의 차이로 이어진다. 특히, 한국에서의 '우리'는 단순히 너와 나의 합으로서의 집합적 개념과는 확연히 다르다. 심리학자 최상진 교수의 연구에 의하면, "한국의 '우리성(we-ness)'에는 단순히 공통점을 가지고 있다는 인식의 차원을 넘어 하나됨, 결집성, 일체감, 탈개성화, 동일성 등의 인식이 강하게 나타난다. 한국인들의 '우리'는 단순히 친밀함을 공유하는 차원을 넘어 정서적 따뜻함, 심리적 안정성, 안락감과 조화 등의 감정반응을 두드러지게 보인다."고 한다.

우리라는 테두리 안에서 느끼는 독특한 일체감, 그것을 한국문화에서는 종종 '정(情)'으로 표현한다. 인정, 모정, 부정, 우정 등 사람과 사람 사이에는 언제나 정이 존재한다. 외국인들은 한국인들의 심성 중 가장 큰 특징으로 정을 꼽기도 한다. 그리고 이것은 '서양에서의 친근함(intimacy), 애정(affection), 사랑(love)과는 다른,

한국에만 있는 독특한 감정'이라고 말한다.

정을 말할 때 흔히 우리는 '미운 정, 고운 정 다 들었다.'고 표현한다. 오랫동안 함께 살아온 부부들은 서로가 지긋지긋하지만, '정 때문에' 그냥 참고 산다고 말하기도 한다. 정은 '애정이나 사랑과 같이 격렬한 감정상태라기보다는 오랜 시간 함께 해오는 동안 이슬비에 옷이 젖듯이 알게 모르게 쌓이는 감정상태'로 정의된다. 그리고 거기에는 좋은 감정, 싫은 감정이 함께 뒤섞여 녹아들어 있기 때문에, 정으로 맺어진 관계는 더욱 끈끈하게 결속된다. 한국인이 말하는 우리나라, 우리 학교, 우리 회사, 우리 가족의 '우리'에는 '정을 나누는 관계'라는 의미가 전제되어 있는 것이다. 정을 나누는 한국의 '우리 문화'에서는 윗사람이 아랫사람의 밥값을 내주고, 친구 부모가 상을 당하면 다 같이 밤을 새워주는 게 당연하게 여겨진다.[28]

사회적으로 기대되는
행동양식

서양에서 '나'는 모든 것의 중심이다. 그래서 영어로 'I'는 항상 대문자로 쓴다. I는 다른 모든 존재로부터 구별되는 가장 기본이 되는 단위이다.

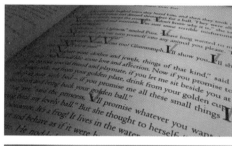

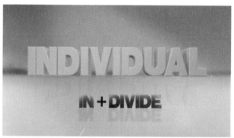

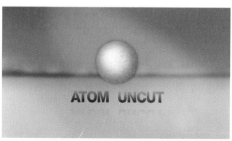

개인은 더 이상 쪼갤 수 없는 원자와 같은 개념이다.

서양에서 '개인^{individual}'이라는 단어는 '더 이상 나눌 수 없다.'는 뜻을 가지고 있다. 이 'Individual'은 마치 서양인들이 모든 물질을 쪼개고 쪼갠 다음 더 이상 쪼갤 수 없는 존재를 '원자^{atom}'라고 부른 것과 유사한 개념이다.

"나는 노래하노라. 인간의 자아, 따로 분리된 단일 인간을."
– 월트 휘트먼

결국 개인은 물질의 기본 구성단위인 원자와 같은 개념이다. 서양사회에서 개인은 최소의 독립적인 단위로서 중요한 의미를 지닌다. 그렇기 때문에 서양에서는 개인주의를 매우 중요한 가치로 여긴다.

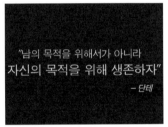

서양에서는 개인주의가 매우 중요한 가치이다.

마크 레퍼, 스탠포드대학교 심리학과 교수

미국에서 생각하는 사람의 단위는 한 개인입니다. 개인은 자신만의 가치관, 이상, 목표, 희망, 욕구에 의해 형성되지요. 미국에서는 자신을 위한 최선의 선택이 다른 사람을 위한 최선의 선택과 배치되는 경우 우선순위를 자기 자신에게 둡니다. 이때 그 다른 사람이 가족이라고 해도 예외는 아닙니다. 성공하기 위해서, 기분이 좋아지기 위해서, 효율적으로 일하기 위해서 그저 자신이 하고 싶은 일을 할 뿐이지요.

이런 개인주의적 문화에서는 다른 사람을 배려하고, 사회적 관계를 존중하고, 다양한 입장을 고려하는 태도가 부족한 편입니다. 때문에 서양에서는 개인의 선택으로 인한 타인의 희생이 동양에 비해 더 자주 발생하기도 합니다.

서양에서는 아이를 독립적인 사람이 되도록 키운다.

개인주의적 문화에 사는 사람은 독립적인 삶을 지향한다. 서양인들은 어려서부터 독립적인 사람이 될 수 있도록 장려한다. 아이는 태어나자마자 독립된 침대와 방에서 길러진다. '독립independent'이라는 단어의 어원을 살펴보면 '매달리지 않는다'는 뜻이 들어있다. 서양에서는 타인에게 매달리거나 의존하지 않고 혼자 힘으로 살 수 있는 능력이 매우 중요한 것이다.

서양에서의 교육은 개인이 독립할 수 있도록 돕는 역할을 한다. 그렇기 때문에 개인의 자신감을 키워주는 일을 매우 중요하게 생각한다. 무엇이든 혼자 힘으로 해결할 수 있다는 믿음은 개인이 슈퍼맨 수준의 자아를 지향하도록 장려한다. 서양에서는 아이들에게 "내가 최고다, 나는 똑똑하다, 나는 능력이 있다, 나는 할 수 있다." 하고 말하고 생각하도록 가르친다. 그러나 동양에서는 개인의 타고난 능력을 칭찬하기보다는 "너는 성실하구나, 열심히 노력했구나." 하고 노력과 태도를 강조하는 칭찬을 하는 경향이 있다.

서양에서는 자신감을 미덕으로 여긴다.

서양인들은 스스로가 똑똑하고 잘났다고 표현하는 경우가 많다. 동양인은 스스로를 낮추고 겸손해하는 것이 일반적이다. 어느 사회나 '사회적으로 기대되는 행동양식 Socially desirable response'이 있는데, 동양사회와 서양사회가 기대하는 행동양식은 반대다. 동양사회에서는 겸손함을 미덕으로 여기지만 서양사회에서는 자신감을 미덕으로 여기는 것이다.

동양과 서양의 사회적으로 기대되는 행동양식 SDR의 차이는 좋은 성격에 대한 기준의 차이로도 이어진다. 예를 들어, '단호하다assertive'라는 말은 서양에서는 긍정적인 의미로 쓰이지만 동양에서는 부정적으로 해석되기도 한다. 서양에서 '단호한' 사람은 자기확신이 강한 사람이라는 의미이기 때문에 다른 사람들도 신뢰할만한 사람으로 평가한다.

그러나 동양에서는 단호한 성격을 가진 사람이 무례하고 이기적인 성격으로 비치기도 한다. 자기 생각만을 중요하게 생각하거나 드러내는 사람을 부정적으로 평가하는 경향이 강하기 때문이다. 자기의 의견과 상대방의 의견을 잘 조율할 수 있는 능력이 더 긍정적으로 평가되는 것이다.

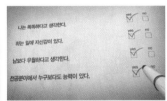

동양과 서양의 사회적으로 기대되는 행동양식이 서로 다르다.

인간은 보편적으로 타인에게 긍정적으로 보이고 싶어하는 욕구를 갖고 있다. 그러나 긍정적으로 보이기 위한 행동의 기준은 문화에 따라 다르다. 동양에서 자신을 긍정적으로 표현한다는 말은 법을 어기지 않고 경우에 맞게 행동하고 좋은 친구로서, 집단에서의 좋은 일원으로서 지내는 것을 뜻한다.

반면, 서양에서 자신을 긍정적으로 표현한다는 말은 다른 사람보다 똑똑하고 능력이 있으며 독립적인 삶을 영위할 수 있는 것을 뜻한다. 서양이 추구하는 이상적 인간형은 자신의 성격과 능력을 자랑스럽게 생각하는 사람이다. 하지만 동양에서는 자랑하기보다는 겸손하고 사회적 도리와 경우에 맞게 행동하는 사람이 이상적인 인간형이다. 서양에서는 개개인이 안정되어야 사회가 안정된다고 보고, 동양에서는 개인들 간의 관계가 안정되어야 사회가 안정된다고 보기 때문이다.

샤론 섀빗, 일리노이대학교 경영학과 교수

많은 서양인들이 "나는 내 판단에 매우 자신이 있다. 나는 누군가가 거짓말을 하면 항상 알아챌 수 있다. 많은 사람들이 내가 특별하다고 생각한다."와 같이 자기 성격이나 능력을 강조하는 진술에 동의하는 경향을 보입니다. 반대로 동양인은 "나는 내 것이 아닌 것을 가져본 적이 없다. 나는 사람들 얘기를 엿듣지 않는다. 나는 다른 사람의 뒷얘기를 하지 않는다." 등의 윤리적 규범이나 태도를 강조하는 진술에 더 동의하는 경향을 보였습니다. 동양인은 자신이 법과 규범을 잘 지키고 좋은 인간관계를 유지하고 있다는 사실을 강조하고 싶어하는 것이죠.

동양인들은 '인상관리Impression management'를 중요하게 생각한다. 타인에게 좋은 친구, 남을 잘 돕는 사람과 같은 긍정적인 인상을 줌으로써 사회적 규범을 어기지 않고 타인과 잘 지내는 사람으로 비치기를 원한다. 그것이 동양사회의 바람직한 인간형이기 때문이다.

반대로, 서양인들은 '자기기만적 고양Self deceptive enhance-ment'을 한다. 이는 자신을 과장해서 능력 있고 똑똑해 보이고 싶어 하는 성향을 말한다. 예를 들어, 시험을 잘 못 봤을 경우 서양인은 자신의 능력이 떨어진다고 생각하기보다는 시험문제가 별로였다고 생각하는 경향이 높다. 되도록이면 자기 자신을 긍정적으로 생각하는 방식을 택해 자신의 자존감과 자신감을 훼손하지 않으려고 한다.

서양인들은 자기 자신보다 자신을 더 잘 알 수 있는 사람은 없다고 생각하기 때문에 개인이 자신을 과시하고 표현하는 것을 자신의 능력을 입증하는 일반적인 방식으로 받아들인다. 그러나 이러한 방식이 동양에서는 자칫 겸손하지 못하고 교만한 태도로 비치기도 한다. 개인에 대한 평가가 자기 자신이 아닌 타인을 통해 이루어진다고 믿기 때문이다.

동양사회에서는 타인의 기대에 부응하여 인정을 받으려는 '사회적 존중감Social esteem'이 성취에 있어 중요한 동기로 작용한다. 그러나 서양사회에서는 자기 스스로가 이상적 수준에 도달할 때 느낄 수 있는 '자기존중감Self-esteem'이 주요 성취동기로 작용한다.

자존감이 내가 스스로를 평가하는 과정이라면, 인정은 타인이 나를 평가하는 과정이다. 서양인들은 자존감을 중시하고, 동양인들은 타인의 인정을 중시한다. 나를 평가하는 주체가 자기 자신일 경우 스스로에 대해 좋게 생각하기 위해 자기고양 과정을 거치게 된다. 하지만 다른 사람이 나를 어떻게 생각하는

지가 중요한 사회에서는 자기고양 작용보다는 인상관리가 중요해진다. 그렇기 때문에 동양인들은 타인의 평가에 주의를 기울이고 늘 좋은 인간관계를 유지하기 위해 노력한다. 이런 경향은 각각의 개인이 일정한 사회적 기준에 도달할 수 있도록 유도하는 효과가 있다. 즉, 집단이 개인에게 기대하는 것을 충족시킬 수 있게 된다는 것이다. 그러나 개인은 만족하지 않고 더 향상될 수 있는 길을 추구하기 위해 끊임없이 스스로 반성하게 된다.

통계에 의하면 동양의 학생들은 서양의 학생들에 비해 평균 수학점수는 더 높았지만 "수학에 자신 있다."고 말한 학생의 비율은 훨씬 적은 것으로 나타났다. 동양에서는 공부를 잘하는 학생들도 낮은 자신감을 보이는 경향이 있는데 이는 동양아이들이 자기 발전의 근거를 자기비판과 개선의지에서 찾기 때문이다. 동양인은 현재 상태에 만족하지 않고 더 발전할 수 있도록 자아비판을 통해 스스로에게 동기부여를 하는 데 익숙하다.

국가	수학 평균점수(1000점 만점)	수학에 자신 있다는 학생 비율(%)
한국	702	6
일본	669	4
홍콩	643	5
미국	534	34
영국	538	24
뉴질랜드	559	22

출처 : 〈중앙일보〉, 1998년 10월 29일자, 9면

| 고등학생 수학 성취도 |

나는 누구인가,
개인과 사회

"당신은 어떤 사람입니까?"

동양인 아이 : "○○초등학교 ○학년 ○반 ○○○입니다."
동양인 어른 : "우리 부모님의 1남 2녀 중 장녀이고 두 아이의 엄마이며 ○○회사에서 과장입니다. 서울에 살고 있고 나이는 37세입니다."

서양인 아이 : "내 이름은 ○○○이에요. 난 축구를 좋아합니다."
서양인 어른 : "나는 성실하고 친절한 성격이고 요리가 취미이며 금융분야에서 일을 하고 있습니다."

자신을 소개할 때 동양사람은 학교, 회사, 가족관계와 같이 자신이 속해 있는 사회적 관계를 동원하여 대답하는 반면, 서양인들은 '성실하다', '친절하다', '축구를 좋아한다'와 같이 자신의 성격이나 행동 등 개인적인 특성 위주로 설명하는 경향을 보인다.
동양인은 서양인에 비해 인간관계를 중시한다. 자기 자신은 물론 타인에 대해 이해할 때도 관계를 중심으로 이해하려는 경향이 있다. 동양에서는 어떤 사람이 누구인지 알고자 할 때 그 사람의 주변 사람들, 하고 있는 일, 속해 있는 집단, 소속된 집단과의 관계, 그 집단 내에서의 위치 등을 살펴보면 된다고 생각한다. 개인의 정체성이 타인과의 관계에 의해서 정해진다고 믿기 때문이다. '내가 경험하는 나'에 의해 내가 규정되는 것이 아니라 나의 아버지, 나의 어머니, 나의 친구들과의 관계 속에서 내가 규정되는 것이다.

그러나 서양에서 개인은 성격, 내적 욕구, 동기 등 스스로 타고난 기질에 의해 규정된다. 물론 서양에서도 사회적 관계는 중요하게 여겨진다. 하지만 여기에서의 인간관계는 서로의 합의가 전제된, 개인의 선택에 의해 형성되는 것으로 파악한다. 서양인은 개인의 독립성을 중시하는데, 이때 독립적이라는 말은 상황으로부터의 독립을 의미한다. 누구와 함께 있든, 어디에 속해 있든, 처한 상황에 상관없이 자신의 정체성을 유지할 수 있어야 하는 것이다.

동양의 전통적 유교사상에서는 '사람은 각자가 알맞은 위치를 갖는다.'고 말한다. 각 개인이 사회 속에서 갖는 관계, 지위, 역할 등을 강조한 말이다. 이 때문에 동양에서는 각 개인의 위치를 드러낼 수 있는 예절과 어법 등이 발달해왔다. 서양인이 동양의 문화와 언어를 배울 때 가장 어려워하는 부분도 바로 이 예절문화와 경어사용법이다.

"왕은 왕답고, 신하는 신하답고, 아버지는 아버지답고, 아들은 아들다워야 한다君君 臣臣 父父 子子."

– 공자,《논어》

동양에서는 이러한 위계질서 구조가 사회적인 안정을 가장 잘 유지시켜줄 수 있다고 믿어왔다. 윗사람은 아랫사람을 보살피고 아랫사람은 역할을 충실하게 수행함으로써 윗사람에 대한 의무를 다하는 것을 사회적 미덕으로 여겼다. 오늘날까지도 동양인들은 이렇게 위계질서가 공고한 계층구조가 사회의 질서와 안정을 유지시켜준다고 믿는다. 그래서 사회학자들은 동양사회를 일컬어 '수직적 사회구조'를 이루고 있다고 말한다.

반대로, 서양사람들은 자기 행동에 스스로 책임을 지는 독립적인 자아를 존중받을 때 가장 큰 동기를 부여받는다. 이것은 사람들 사이의 서열을 완화시키는 기능을 한다. 자기 본분을 규정하는 규칙이 많지 않기 때문이다. 그래서 동양사회와 구분되는 서양사회의 특징으로 개인의 자유와 평등을 강조하는 '수평적 사회구조'가 언급된다.[29]

동양사회의 계층구조는 사회를 안정시킨다는 장점을 갖고 있지만 사람들의 의욕을 꺾는다는 단점도 있다. 자신이 해야 할 일에 대해 일정 지위에 오를 때까지는 정해진 지시를 기다리고 따를 뿐 변화를 추구하거나 자기주장을 내세우기가 어려운 측면이 있다. 또 서양사회의 평등구조는 개인의 의욕과 성취를 최대화시키는 장점이 있는 반면, 사회통합의 기능이 약해 공동체의 결속력을 떨어뜨리고 사회혼란을 야기시키는 단점이 있다.

서양인의 자아는 매우 고정적이다. 그래서 자신이 타고난 성향이나 개인이 지향하는 가치는 어떤 환경에서든 존중되고 보호되어야 한다고 믿는다. 동양인의 자아의 범위는 서양인에 비해 훨씬 유동적이다. 동양인의 자아는 나에 머무르지 않고 가족, 회사, 국가, 환경을 포괄하는 범위까지 확장될 수 있다.

동양인들은 사회조직은 고정되어 있다고 생각하는 대신, 개인은 얼마든지 변화가 가능한 존재라고 생각한다. 개인이 고정된 사회조직에 적응하기 위해서는 끊임없이 적응하고 변화할 수 있어야 한다고 믿는 것이다. 그렇기 때문에 동양인의 자아는 다양한 방식으로 확장이 가능한 유연성을 보인다. 속한 조직에 따라, 주어진 역할에 따라 얼마든지 변화 가능한 것이다. 그래서 동양에는 수많은 호칭법이 발달했다. 형님, 누님과 같은 가족 내 호칭에서부터 과장님, 교수님, 사장님과 같은 사회적 호칭에 이르기까지 평생 자신의 이름보다는 호칭으로 불리는 일이 더 많다. 이들은 각각의 호칭에 맞춰 그때그때 변화시킬 수 있는 유동적인 자아를 갖고 있다.

케이코 이시이_ 홋카이도대학교 심리학과 교수

일본어로 '나(自分)'를 뜻하는 단어는 '나(自)'와 '부분(分)'을 의미하는 글자로 각각 이루어져 있습니다. 이 글자를 통해 동양인은 사회적 맥락 속에 놓여 있는 자아, 전체의 일부로서의 자아를 갖고 있다는 것을 알 수 있습니다. 반면, 영어에서의 '나(I)'는 세계의 중심으로서의 자아를 의미합니다.

지난 2007년 미국 버지니아공과대학에서 발생한 총기살인 사건의 범인은 한국계 미국인이었다. 이에 대해 한국인들이

버지니아공과대학 총기사건 희생자를 애도하는 한국인들 ⓒ연합뉴스

보여준 반응은 서양인들이 이해하기 매우 힘든 것이었다. 한국인들은 자신들 모두의 책임이라고 여기고 국가적 차원에서 미국에 사과해야 한다고 생각했다. 주한 미국대사관 앞에서는 애도와 사과의 의미를 담은 촛불집회가 열렸다. 인터넷에서는 희생자들을 추모하는 게시판이 만들어졌고 한국의 대통령은 세 차례에 걸쳐서 유감성명을 발표했다.

이에 대해 〈필라델피아 인콰이어러〉지는 정신적 문제가 있는 한 개인의 잘못일 뿐 한국인들이 나서서 사과할 문제가 아니니 더 이상 사과하지 말아달라는 사설을 게재했다. 이처럼 동양에서는 개인과 집단을 동일시하는 경우가 많은데, 서양에서는 개인의 문제를 집단의 문제로 확대시키지 않는다.

동양과 서양은 서로 반대인 것들이 많다. 이름을 표기할 때 동양에서는 성을 먼저 쓰고 이름을 나중에 쓰지만 서양에서는 이름을 먼저 쓰고 성을 나중에 쓴다. 또 주소를 쓸 때도 동양은 나라, 도시, 번지, 사람 이름의 순서로 쓰지만 서양에서는 이름, 번지, 도시, 나라의 순서로 쓴다. 이 모두가 집단을 중시하는 동양과 개인을 중시하는 서양의 차이를 보여주는 사례들이다.

요즈음 많이 사용되는 이메일 주소 표기방식을 보면 서양식으로 되어 있음을 알 수 있다. 이메일 주소에는 사용자의 이름이 먼저 나오고 계정 주소가 나중에 나온다. 만약 이메일 주소가 동양에서 먼저 만들어졌다면 어땠을까? 반대가 되지 않았을까?

| 마케팅 1팀 과장 |

홍 길 동

서울 종로구 세종로 1번지 대한빌딩
Tel. 123-4567   Fax. 123-5678

(주)대한

Marketing Dept. | Manager

John Smith

1600 Pennsylvania Ave. Washington D. C.
123-456-789

ABC Company

동양과 서양명함의 이름과 주소 표기

치우 치 위에 일리노이대학교 심리학과 교수

이름에 있어서도 동양인은 가족의 성을 먼저 말합니다. 성은 자기가 속해 있는 가문을 얘기해주는 것입니다. 하지만 서양인은 개인 이름을 먼저 말합니다. 이름은 가족이 아니라 개인에 대한 정보를 주거든요. 주소를 쓸 때도 마찬가지이지요. 서양에서는 사람 이름부터 집의 번지, 도시, 나라 이름순으로 씁니다. 하지만 동양에서는 나라, 도시, 집의 번지, 그리고 사람 이름의 순서로 주소를 표기합니다.

이것은 우리가 타인과 소통할 때 무엇을 가장 중요하게 생각하는가를 잘 설명해줍니다. 보통 사람들은 가장 중요하게 생각하는 정보를 먼저 언급하는데 동양인들은 국가나 도시처럼 자신이 속한 집단을 먼저 언급하는 경향이 있습니다. 반면 서양인들은 자기 자신에 대한 개인정보를 먼저 언급합니다.

선택에 대한
서로 다른 생각

　동양인과 서양인에게 각각 네 자루의 파란색 펜과 한 자루의 흰색 펜, 이렇게 다섯 자루의 펜을 보여주며 마음에 드는 한 가지를 고르게 했다. 어떤 결과가 나타났을까? 동양인은 파란색 펜을 가져가는 경우가 많았고, 서양인은 흰색 펜을 가져가는 경우가 많았다.

▲▲ 하나뿐인 색깔의 펜을 고르는 서양인
▲ 여러 개로 제시한 펜을 고르는 동양인

다시 네 자루의 흰색 펜과 한 자루의 파란색 펜, 이렇게 다섯 자루의 펜으로 바꿔서 제시했다. 이번에는 어떤 결과가 나타났을까? 동양인은 흰색 펜을 가져가는 경우가 많았고 서양인은 파란색 펜을 가져가는 경우가 많았다.

이 실험결과는 무엇을 의미할까? 제시된 펜의 색깔과 상관없이 동양인은 하나만 있어 튀는 것보다는 여러 개로 제시되어 무난해 보이는 것을 선호했다. 그러나 서양인은 자기만 가질 수 있는, 하나뿐인 펜을 선호했다.

동양에는 '모난 돌이 정 맞는다.'는 표현이 있다. 예부터 개인이 튀는 것을 부정적으로 생각했던 것이다. 우리는 '다르다'는 말과 '틀리다'는 말을 혼동해서 쓰기도 하는데, 이것 역시 남과 다른 것을 부정적으로 보는 시각을 반영하는 예라고 할 수 있다. 동양사회에서는 타인과 발맞추어 조화롭게 지내기를 장려하고 혼자 튀는 것을 경계하는 경향이 있다. 그렇기 때문에 다른 사람들과 비슷비슷하게 살아가는 것이 잘 사는 것이라고 믿는다.

윌리엄 매덕스, INSEAD 조직행동학과 교수

저는 일본인 아내와 결혼해 미국에서 함께 살았는데 아내가 아이 유치원에 갔을 때였어요. 유치원 교사가 음악을 틀어놓고 아이들에게 춤을 추게 했는데 각자 제멋대로 춤을 추는 걸 보고 깜짝 놀랐다고 하더군요. 일본 같았으면 모든 아이들이 함께 손잡고 선생님 지시에 따라 같은 율동을 동시에 맞춰서 했을 거라면서요.

일본인이 보기에 아주 어릴 때부터 자기가 원하는 대로 각기 다르게 표현하도록 장려하는 미국의 교육방식이 놀라웠나 봐요. 일본에서는 아주 어릴 때부터 다른 아이들과 함께 하는 것, 그룹으로 하는 것을 장려하니까요. 그게 제가 발견한 미국과 일본교육의 가장 큰 차이였습니다. 개인중심 사회와 집단중심 사회의 차이이지요.

서양인들은 독립적인 삶을 지향하고 자신이 타인과 구분되는 특별한 존재가 되기를 바란다. 그러므로 선택을 할 때도 다른 사람들이 안 고를 것 같은 특이한 선택을 하려고 하는 성향이 있다. 이런 성향이 개인의 독립성을 더욱 강화시킨다. 서양에는 선택이나 독립의 기회를 강조하는 광고가 많다. '당신의 세상', '당신의 선택'이라는 말을 빈번하게 사용함으로써 소비를 통해 남들과 차별화될 수 있다고 호소한다.

반면 동양의 광고에서는 군중이나 유명인이 많이 등장한다. 유명 영화배우나 연예인이 등장해 자신이 쓰는 상품을 소비함으로써 유행에 뒤쳐지지 않을 수 있다고 호소하는 것이다. 즉, 서양인이 남과 구분되기 위한 선택을 한다면 동양인은 남과 하나가 되기 위한 선택을 한다고 할 수 있다. 이 때문에 동양인은 주류문화에 소속되고자 하는 열망이 강하다. 물건을 구매할 때도 자신의 판단보다는 다른 사람들의 입소문에 의존하는 경향이 강하며, 한 번 인기몰이를 시작하면 대박을 터뜨리는 대중문화의 '쏠림현상'이 자주 나타나기도 한다.

　　한국을 찾은 외국의 패션 관계자들은 한국의 젊은 여성들이 대체로 옷을 잘 입는다는 데에 놀란다. 그러나 하나같이 유행에 충실한 '판에 박힌 듯' 똑같은 옷을 입었다는 데에 다시 한번 놀란다. 한국인들은 유행에 민감하고 경쟁심리가 강하다. 전체적으로 옷을 잘 입는다는 현상의 이면에는 '남들에게 뒤처지고 싶지 않다.'는 강한 소속욕구가 작용하는 셈이다.

마크 레퍼, 스탠포드대학교 심리학과 교수

미국에서 두 쌍의 연인이 함께 저녁을 먹으러 식당에 갔다고 합시다. 웨이터가 여자들에게 먼저 묻겠죠. 그럼 두 여자가 각각 자기가 좋아하는 메뉴를 시킵니다. 그런데 마침 상대 여자가 내가 시키려고 생각했던 생선요리를 먼저 시키는 겁니다. 그럼 나는 다른 걸 시켜야겠다고 생각하게 되죠. 모두 같은 걸 시키면 어쩐지 이상하니까요. 물론, 한 테이블에서 다 같은 걸 시킬 때도 있기는 하죠. 그럴 경우엔 웨이터가 와서 "참 재미없는 집단이네요." 하며 놀리고 가기도 합니다.

서양에서는 모두 같은 음식을 시키는 걸 안 좋게 생각합니다. 반대로, 동양인과 저녁을 먹으러 나가면 뭐를 시키든 같이 나눠먹는 게 일반적입니다. 메뉴를 통일하는 것도 좋아하죠. 다른 사람과 같은 메뉴 먹기를 꺼리는 서양인과 달리 동양인들은 같은 음식을 나눠 먹으면서 일체감과 공동의식을 나누는 것 같습니다.

"당신은 하루에 얼마나 많은 선택을 합니까?"

동양인 : "글쎄요……."

서양인 : "아침 6시에 잠에서 깼을 때 일어날지 계속 잘지 선택했고, 7시 30분에 다시 잠에서 깼을 때 일어날지 계속 잘지를 선택했고, 점심을 오후 12시에 먹기로 결정했습니다. 그리고 또……."

동양인과 서양인에게 각각 매일 자신이 선택하고 결정한 것들을 기록하고 선택한 시간과 내용, 선택의 중요도를 표시하게 했다. 서양인의 경우 아침에 침대에서 나오기도 전에 벌써 네 가지의 선택을 했다고 기록했다. 아주 사소한 내용까지도 모두 선택의 문제로 기록한 것이다.

그러나 동양인들은 하루에 선택했다고 생각한 횟수가 서양인의 10분의 1밖에 되지 않았다. 물론 실제 생활의 내용은 거의 비슷하게 이루어졌으니, 서양인이 동양인보다 더 많은 선택을 했다고 할 수는 없다. 하지만 서양인들은 모든 사항에 대해서 자신이 선택한 것이라고 인식했다. 동양인은 '그냥 점심 때가 되어서 점심을 먹었다.'고 기술한 반면, 서양인은 '점심을 오후 12시에 먹기로 결정했다.'고 기술한 것이다. 그리고 서양인들은 이런 선택사항들을 동양인들에 비해 훨씬 더 중요하게 생각하는 것으로 나타났다.

"무엇을 드릴까요?"

동양인 : "아무것이나요. 다른 사람들 먹는 걸로 같이 할 게요."

서양인 : "카페인 없는 커피에 저지방 우유요. 크림은 빼고, 바닐라 시럽을 추가해주세요. 그리고……."

서양인들은 항상 좋고 싫은 것이 분명하다. 그리고 일상에서도 자신의 선호를 밝히고 선택하도록 요구받는다. 그러나 동양인들은 "아무거나 상관없어요."와 같은 대답을 자주한다. 동양에서는 실제로 개인이 스스로 선택해야 할 일이 서양만큼 많지 않기 때문에 처음 서양문화를 접하는 동양인이라면 레스토랑 주문 하나부터 복잡하고 혼란스럽다고 느낄 것이다.

동양인들은 식당에서 여러 사람이 함께 식사를 할 때 한 가지 메뉴로 통일하거나 하나의 메뉴를 서로 나눠 먹는 일에 매우 익숙하다. 또, 동양의 식당에는 유난히 세트A, 세트B처럼 일일이 따로 선택해야 하는 불편을 덜어주는 세트 메뉴가 많다. 동양인은 서양인만큼 선택을 중요한 문제로 받아들이지 않을 뿐더러 다소 피곤한 일이라고까지 생각하는 경향이 있다. 이런 동양인들에게는 자기의 취향에 따라 선택사항을 조목조목 요구하는 서양인들의 모습이 별나고 까다롭게 느껴질지도 모른다.

서양에서는 개인의 선택을 중요시한다. 아주 어려서부터 원하는 것을 스스로 선택하도록 교육받는다. 서양의 부모들은 아이가 원하는 것을 스스로 발견하고 그것을 적극적으로 표현하고 요구할 수 있기를 바란다. 반대로 동양에서는 엄마가 아이

아이에게 먹을 것을 선택하도록 하는 서양인

아이에게 식사를 차려주는 동양인

를 위해 대신 선택을 해주는 일이 많다. 동양에서는 아이를 위해서 가장 좋은 것은 엄마가 아이보다 더 잘 알고 있다고 믿는다. 아이들도 엄마의 선택을 신뢰하고 따른다. 그렇기 때문에 동양의 아이들은 '어른 말씀을 잘 듣도록' 교육받는다.

헤이즐 마커스, 스탠포드대학교 심리학과 교수

집에 일본인 동료가 머물렀던 적이 있습니다. 아침마다 저는 딸에게 서로 다른 종류의 씨리얼을 펼쳐놓고 "오늘 아침으로는 뭘 먹고 싶니? 골라봐." 하고 말하곤 했습니다. 저는 당연히 딸아이가 먹고 싶은 걸 고를 수 있는 기쁨을 즐길 거라고 생각했으니까요. 딸아이가 아침을 먹는 동안에도 학교에 가서 먹을 점심 도시락을 싸면서 먹고 싶은 메뉴를 일일이 물어봤죠.

어느 날 일본인 동료가 왜 아이한테 그런 걸 일일이 고르게 하냐고 묻더군요. 제게는 정말 이상한 질문이었죠. 저는 당연히 모든 사람이 직접 선택하고 결정하는 일을 좋아할 거라고 생각했으니까요. 선택을 통해서 자신이 뭘 좋아하는지도 표현할 수 있잖아요. 비록 당시 제 딸은 네 살밖에 안 됐었지만 어릴 때부터 독립적으로 자기가 좋아하는 것을 추구할 수 있어야 한다고 생각했어요. 스스로 자기가 좋아하는 씨리얼을 선택함으로써 자신을 표현하고 자기 개성을 드러내는 과정을 즐길 거라고 믿었습니다.

그런데 왜냐고 묻다니 정말 이상했어요. 하지만 곰곰이 생각해보니 여기에는 아주 많은 문화적 전제가 깔려 있다는 걸 알게 됐습니다. 선택의 문제는 동양과 서양 간의 거대한 문화 차이 중 빙산의 일각일 뿐이었어요. 일본인 동료에게 그럼 당신은 어떻게 하냐고 물어보았습니다. 그러자 자기는 아이에게 적합하다고 생각하는 밥, 된장국, 채소, 장아찌로 구성된 평범한 일본식 아침식사를 준다고 하더군요. 일본에서는 아이들이 부모님이 차려주는 대로 먹는다면서요.

부모와의 관계가
미치는 영향

아이들에게 간단한 문제를 풀게 했다. 아이가 직접 문제를
선택하게 했을 때와 엄마가 아이대신 문제를 선택해주었을 때,
어떤 경우 문제를 더 잘 풀 수 있을까?

동양의 아이들은 엄마가 문제를 선택해준 경우에 더 문제를 잘 풀었다. 그리고 엄마에게 자기 자신에게 기울이는 것과 같은 정도로 많은 주의를 기울였다. 엄마의 기대에 부응하기 위해서라도 더 열심히 하려는 태도를 보이는 것이다.

반면 서양의 아이들은 엄마보다는 자신이 문제를 선택한 경우에 문제를 더 잘 풀었다. 그리고 어머니에게 기울이는 주의의 정도가 낯선 사람에게 기울이는 정도로 약했다. 서양아이들에게는 누군가가 자기를 신경 쓰고 대신 선택해준다는 사실이 오히려 부정적으로 작용했다. 스스로 알아서 하고 싶다는 자율성에 대한 욕구가 강하기 때문이다.

동양인에게는 엄마의 선택이 나의 선택과 동일시될 만큼 중요하게 작용하지만, 서양인에게는 자기 일은 다른 사람에게 의지하지 말고 스스로 결정해야 한다는 생각이 강하게 자리 잡고 있다. 그러므로 서양에서는 자율적으로 선택하고 자주적으로 학습하는 것을 효과적인 학습방식으로 인정한다.

그러나 동양아이들은 부모가 관심을 갖고 있고 기대를 표현할 때 높은 학습동기를 보이고 결과적으로도 좋은 학습효과를 보인다. 동양인에게는 가까운 사람의 기대에 부응하고 그로부터 자신을 인정받고 싶다는 욕구가 강하게 작용하는 것이다.

동양에서는 부모가 아이들에게 중요한 결정을 대신해주는 경우가 많다. 동양의 엄마들이 아이들에게 아침밥상을 알아서 차려주는 것처럼 자녀의 인생을 위해서 무엇이 최선인지를 함께 고민해야 할 의무가 있다고 생각한다. 아이에게 가장 좋은 것을 제공하고 마련해주는 것이 부모가 자식을 위해서 해야 할 가장 중요한 일이라고 믿는다. 그런데 이것이 지나치면 동양의 아이들은 성인이 된 후에도 부모의 선택이나 결정에 의존하고 얽매이게 된다. 대학입학과 전공의 선택, 심지어는 배우자의 선택에 이르기까지 일생에서 중요한 선택의 문제를 대부분 부모의 동의나 허락 없이는 할 수 없게 되는 것이다.

서양에서는 이러한 현상을 부모에게서 독립하지 못한 미성숙한 상태로 이해하는 경우가 많다. 타인이 내 인생의 문제에 대해 이러쿵저러쿵하는 것은 나의 독립성과 개성을 방해하고 심지어는 자아를 손상시키는 일이라고 생각하기 때문에 아이가 스스로 자기 진로와 미래를 선택하고 결정해나가야 한다고 믿는다.

그러나 동양인들이 보기에 부모와 끈끈한 유대를 유지하는 것은 서양인들이 생각하는 것만큼 부정적이지만은 않다. 동양인들은 개인이 혼자 존재하는 것이 아니라 가족, 친척, 동료 등 주변의 소중한 사람들과 함께 끈끈하게 연결되어 있다고 생각하기 때문에 타인과의 유대와 공감을 잘 유지하는 것이 삶의 동기이자 주요 목표라고 믿는다.

헤이즐 마커스, 스탠포드대학교 심리학과 교수

이런 문제에서 동양인과 서양인이 서로를 이해하지 못해 많은 갈등이 발생합니다. 동양인과 서양인이 함께 방을 쓰는 경우 서양 학생이 동양학생에게 "엄마 보고 네 일에 신경 쓰지 말고 네가 알

아서 할 수 있게 해달라고 해. 엄마가 시키는 대로 하지 말고 네

일은 네가 알아서 해." 하고 말하는 경우를 종종 볼 수 있습니다.

그럼 동양학생은 이렇게 대답하지요. "너는 이해 못해, 이게 우리

부모님이 나에 대한 사랑과 걱정을 표현하는 방식이야. 이건 부

담이 아니라 유대감이야. 부모님 덕택에 든든하다고."

행복과 성공의
기준

서양인의 판단 기준은 개인의 내면에서 나온다. 서양인은 <u>스스로를 평가할 때</u> 사회의 평가나 다른 사람들의 인정과 같은 외재적 기준보다는, 자기성취를 중심으로 평가하는 내재적 기준을 사용한다. 서양인은 어려서부터 자신이 누구인지를 탐구하고 자기를 계발하는 등 개인적인 가치를 강조하는 환경에서 자라나기 때문이다.

반대로 동양인들은 자신을 평가할 때 주위 사람들이나 사회적 인정과 같은 외재적 기준을 사용한다. 동양인은 어려서부터 부모의 기대에 부응하고 소속된 집단에 기여하도록 교육받는다. 따라서 동양사회에서는 남들이 나를 어떻게 평가하는가를 매우 중요하게 생각한다. 또 자기만의 기준을 따르기보다는 타인의 시선을 의식하는 일이 많다.

다른 사람이 나를 어떻게 생각하는가를 의식하는 현상을 '일반화된 타자Generalized other'라고 부른다. 일반화된 타자란 자신을 바라보는 3인칭적 시선을 늘 의식하는 현상을 말한다. 미국의 사회심리학자 미드G. H. Mead가 정립한 자아이론의 중심개념 중 하나로, 사람은 자신이 속한 사회의 가치와 문화에 따라 행동하는데 이때 자아에 반영된 일반적인 타인의 모습을 일반화된 타자라고 한다. 미드의 자아에 대한 개념적 틀 속에는 '주체로서의 나I'와 '객체, 혹은 대상으로서의 나me'라는 두 가지

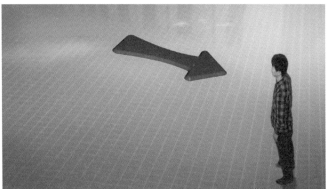

▲▲ 내재적 기준으로 평가하는 서양인
▲ 외재적 기준으로 평가하는 동양인

자아가 있다. 주체로서의 나는 개인적 신념과 충동에 의해서만 행동하는 자아이다. 반면, 대상으로서의 나는 사회에 적응하고 사회의 요구를 대표하는 자아이다. 따라서 일반화된 타자는 대상으로서의 나에 해당되는 것이다. 사회에 따라 이 두 가지 '나' 사이의 균형이 다른데 서양에서는 주체로서의 나가 강하고 동양에서는 대상으로서의 나가 강하다

도브 코헨, 일리노이대학교 심리학과 교수

'일반화된 타자'는 타인이 보는 나의 이미지를 말합니다. 여기서 타인이란 어떤 특정 대상이 아닙니다. 단지 다른 사람들이 나를 어떻게 생각할까를 의식하는 것이지요. 다른 사람들이 안 좋게 생각할까 봐 어떤 일을 하기 꺼려하는 경우가 좋은 예입니다. 자신이 속한 사회의 규범이나 기준을 가진 가상의 타인을 상상하는 것이죠.

사람들은 누구나 일반화된 타자를 의식하며 살아갑니다. 누구나 어느 정도는 자신을 바라보고 있는 타인의 시선을 의식하면서 살아가죠. 다만 그 정도의 차이가 있는데, 동양인들이 일반화된 타자를 의식하는 경향이 서양인들에 비해 훨씬 더 두드러집니다.

동양인은 일반화된 타자의 시선을 의식하는 경향이 높다. 동양에서는 '등이 따갑다', '뒤통수가 따갑다'와 같은 말을 일상생활에서 자주 쓴다. 이것은 눈에 보이지 않는 시선을 의식한다는 말인데 타인의 시선을 의식하는 정도가 서양인에 비해 높은

동양인에게 훨씬 더 공감되는 표현일 것이다.

동양인은 일반화된 타자의 시선을 의식하는 경향이 높다.

다카 마스다, 앨버타대학교 심리학과 교수

제가 미국에 갔을 때 한 번은 미식축구 경기장에 간 적이 있습니다. 관람석에 앉아 있었는데 우리 팀이 터치다운을 하자 관람객들이 일제히 일어났죠. 전 제가 일어나는 바람에 뒷사람에게 경기장면이 안 보일까 봐 일어나기를 주저하고 있었어요. 뒷사람의 시선을 의식했던 것이지요. 그 얘기를 들은 제 미국인 친구는 "여기서는 그렇게까지 다른 사람 눈을 의식할 필요가 없어." 하고 말하더군요. 하지만 일본에서는 타인의 시선을 의식하고 눈치를 보는 것이 사회적 생존을 위해 매우 중요한 일이거든요. 그때 저는 처음 문화충격이라는 걸 경험했습니다.

최인철, 서울대학교 심리학과 교수

서양인들은 행위의 기준이 자기 내부에 있습니다. 특히 자신이 원하는가, 원하지 않는가와 같은 감정에 따라 행동을 결정합니다. 하지만 동양인들은 자기 자신을 사회로부터 고립된 존재로 보지 않기 때문에 자신이 처해 있는 역할, 규범 등을 통해 행위의 정당성을 부여합니다. 따라서 어른들이나 상사와 같은 주변사람들이 어떻게 생각하는가 하는 것이 자기 행동의 정당성을 담보해준다고 보고 끊임없이 자신을 다른 사람들이나 사회의 기준과 비교하려 합니다. 이 때문에 동양인들은 서양인들에 비해 개인만의 행복을 추구하는 데 있어 좀 불리합니다.

"당신은 언제 행복합니까?"

동양인 : "대학에 합격해서 부모님을 기쁘게 해드렸을 때, 주어진 임무를 훌륭히 완수해서 회사로부터 인정을 받았을 때요."
서양인 : "개인적으로 목표한 일을 성취했을 때 행복합니다."

개인이 언제 행복한가를 조사하는 연구를 위해 동양인들과 서양인들에게 각각 '행복일기'를 쓰게 했다. 그 결과, 서양인은 개인적인 목표를 달성했을 때 행복을 느낀 반면, 동양인의 경우 집단이 함께 하는 일, 타인을 위해서 한 일 등 공동의 목표나 사회적인 목표를 달성했을 때 더 큰 행복감을 느낀다는 결과가 나왔다. 서양인은 개인의 목표를 달성하기 위해 노력하고 그것을 가장 중요한 일이라고 생각했지만, 동양인들은 자신이 속한 집단이나 주변사람들을 위해 성취한 일을 가장 중요한 일이라고 생각한 것이다.

행복은 인간의 내면에 관한 문제이기 때문에 개인적인 개념이라고 할 수 있다. 그래서 보통 행복이라고 하면 개인의 행복이라는 의미로 쓰인다. 그렇기 때문에 행복은 미국과 같이 개인주의 문화에서 더 강조되는 개념이다. 미국인에게 왜 이혼하느냐고 물으면 대부분 '행복하지 않아서'라는 대답이 돌아온다. 하지만 동양에서는 이것이 충분한 이혼 사유가 되지 않는다. 개인의 행복보다는 가족 구성원 전체의 평화와 안정이 더 중요하기 때문이다.

이처럼 동양에서는 '나의 행복'보다는 '우리의 행복'을 중시한다. 부모나 형제가 나를 자랑스러워함으로써 행복해질 수 있도록 하는 일이 곧 나의 행복이 된다. 그렇기 때문에 동양인은 소속된 집단의 구성원들로부터 인정받고 존경받는 것을 삶의 목표로 생각하는 경향이 크다. 그 결과 동양에서는 우리의 행복과 나의 행복이 상충되는 경우, 개인이 희생되는 일이 발생하기도 한다.

"한국, 중국, 일본 국민의 불행은 계속될지 모른다. 경제적으로는 윤택해질지 모르지만 동아시아에선 개인적으로 행복을 추구하는 일이 집단 우선의 문화와 충돌하기 때문이다."

– 〈Time〉 2005.02.28

동양의 집단주의는 개인의 행복을 희생시키기도 하지만 동시에 개인의 우울증을 방지하는 기능도 한다. 서양사회에서는 행복한 개인의 비율이 동양에 비해 상대적으로 높지만, 불행한 개인의 비율도 마찬가지로 높다. 연구에 의하면 서양의 개인주의 문화에 많이 노출될수록 개인의 우울증이 증가한다고 한다. 그렇기 때문에 평균적으로 어느 문화의 사람들이 더 행복한가를 논하기는 어렵다. 행복의 기준을 나에게 둘 것인지, 우리에게 둘 것인지에 따라 그 결과는 크게 달라지기 때문이다.

게다가 '행복은 무조건 좋은 것'이라는 가정에 있어서도 동양과 서양은 서로 다른 관점을 가지고 있다. 전통적으로 동양에서는 개인의 행복을 크게 강조하지 않았다. 인간은 행복하다가도 불행해질 수 있는 존재라 보고 행복과 불행 사이에 균형을 찾는 것을 더 강조했다. 그래서 과도한 기쁨이나 흥분과 같은 상태보다는 감정적으로 절제된 상태를 지향했다. 동양아이들의 교과서를 보면 정서가 안정되고 차분한 상태를 바람직한 것으로 묘사하고 있다.

반대로 서양에서는 기쁘고 흥분되는 상태를 선호하는 경향이 있다. 단순히 행복에 대해서만 문화 차이가 있는 것이 아니라 바람직한 감정상태에 대한 선호 간에도 문화 차이가 존재하는 것이다. 그렇기 때문에 어느 한 쪽 문화의 기준으로 타문화의 행복과 감정상태의 옳고 그름을 판단하는 것은 옳지 않다. 자신감이나 흥분과 같은 서양적 가치가 동양인들의 행복에 기여하는가 하는 문제에 대해서는 더 신중하게 접근해야 할 것이다.

에드 디에너, 일리노이대학교 심리학과 교수

미국, 호주, 영국 등은 매우 개인주의적인 나라들입니다. 이들 나라에서는 행복이 가장 중요한 가치입니다. 물론 중국이나 한국에서도 행복의 중요성을 인정합니다. 하지만 미국처럼 개인의 행복이 가장 중요한 가치라고 생각하지는 않는 거죠. 공동체의 안녕을 위해서라면 개인이 희생하는 경우가 많습니다. 그러나 미국인들은 희생을 하려고 하지 않습니다. 개인주의 문화권에서는 만약 자신의 행복과 부모의 기대가 대립하는 경우, 주저 없이 자신의 행복을 추구합니다.

유연한 문화정체성을 갖자

삶 속에 뿌리 깊이 박혀 있는 문화의 차이

동양인은 세상을 전체가 하나로 연결된 거대한 장과 같은 공간이라고 생각한다. 반면, 서양인은 세상을 각각의 개체가 모여 집합을 이루고 있는 공간이라고 생각한다. 그러므로 서양인은 각 개체의 이름인 명사를 중심으로 세상을 바라보고, 동양인은 각 개체 간의 관계와 그 사이의 상호작용을 설명하는 동사를 중심으로 세상을 바라본다.

동양인은 내가 대상과 하나가 되어 대상의 입장에서 바라보고 생각한다. 서양인은 나와 대상을 분명하게 구분하여 자기 자신을 중심으로 대상을 관찰하고 분석한다. 그러므로 동양에서는 인간이 사회와 자연의 일부가 되어 함께 일체를 이루려는 집단주의와 물아일체의 정신이, 서양에서는 자신을 세상의 중심에 두고 눈앞에 펼쳐진 세상을 분석하려는 개인주의와 과학이 발달하게 되었다.

그간 서양사회는 분석적 사고와 논리적 사고를 바탕으로 과학과 기술 분야에서 동양을 앞서왔다. 인류의 물질적 근대화와 현대화 과정에서 서양적 사고가 주도적인 역할을 해온 것이다. 현대과학과 기술의 진보를 통한 현대화 과정을 통해 동양도 과거에 비해 많이 서구화되었다. 그러나 재미있는 것은 이렇게 급속하게 진행되는 서구화 과정에도 불구하고 동양인들은 옛 동양철학에 기반을 둔 고유의 특징을 계속 유지해오고 있다는 사실이다.

각 심리학 실험들이 밝혀낸 동양인과 서양인의 인지과정 차이, 사고방식 차이, 가치관의 차이 등은 동서양의 차이가 비단 수천 년 전의 과거에만 머무르지 않고 현대를 살아가는 우리들에게까지 깊은 영향을 끼치고 있다는 사실을 방증한다. 사람들의 행동이나 생각, 태도의 차이가 단순한 문화의 차이에만 그치지 않고 철학의 차이, 더 나아가서는 문명의 차이로 연결되고 있는 것이다.

동양과 서양이 그리는 완벽한 원

일반인들을 대상으로 실험 및 설문을 진행하면서 재미있었던 것 중 한 가지는 실험이 끝난 후 결과에 대한 설명을 들은 동양인들과 서양인들의 상반된 반응이었다. 동양인들은 실험결과에 대한 설명을 듣고는 "서양인들의 사고방식이 더 좋아 보인다."고 한 반면, 서양인들은 "동양인들의 사고방식이 더 좋아 보인다."는 반응을 보인 것이다. 각각의 문화가 당면한 한계를 뛰어넘기 위해 서로의 문화로부터 배워야 한다고 느꼈던 것인지도 모르겠다.

모든 인간이 완벽할 수 없듯이 모든 문화는 완벽하지 않다. 어떤 문화가 다른 문화보다 낫다고 하는 것은 보는 기준을 어디에 두느냐에 따라 달라지는 문제이기 때문에 특정문화의 우열을 따지는 것은 의미가 없다. 그런 측면에서 비교문화 연구는 서로의 장점과 단점을 객관적으로 파악하는 데 도움이 된다.

세계화 추세와 함께 많은 나라에서 급격한 사회변화가 일어나

고 있다. 때문에 각각의 환경에 맞는 유연한 문화정체성을 갖는 것
이 중요해졌다. 다양한 환경에 맞추어 다양한 행동양식을 택할 수
있는 능력은 더욱 중요한 자질로 자리 잡게 될 것이다. 세계화를 통
해 한 도시 안에서도 전 세계의 음식을 맛보는 것이 가능해진 것처
럼, 다른 문화를 깊이 이해함으로써 우리의 사고방식과 행동양식도
더 풍부해질 수 있다. 이 책을 통해 물질과 정신이 유연하게 교류하
는 진정한 의미의 세계화를 기대해본다.

이 책에 들어간 사진이나 그림 중에는 저작권자를 찾지 못해 허락을 받지 못하고 사용한 것이
있습니다. 이에 관해 문의하실 분들은 편집부로 연락해주시기 바랍니다.

참고자료

동과 서

참고논문

1부. 세상은 어떤 곳인가

20쪽 닥스 실험 Imae, M., & Gentenr, D. (1994). "A cross-linquistic study of early word meaning: universal ontology and linguistic influence" . *Cognition*, 62, 169-200.

48쪽 동양엄마와 서양엄마의 언어 사용 Fernald, A., & Morikawa, H. (1993). " Common themes and cultural variations in Japanese and American mothers' speech to infants". *Child Development*, 64, 637-656.

50쪽 원숭이, 바나나, 판다 묶기 실험 Ji, L., Zhang, Z., & Nisbett, R. E. (2002). Culture, language, and categorization. Kingston, Ontario: Queens University.

82쪽 날아오르는 풍선을 해석하는 실험 Peng, K. & Knowles, E. D. (2003). "Culture, Education, and the Attribution of Physical Causality". *Personality and Social Psychology Bulletin*, 29, 1272-1284.

104쪽 살인사건을 해석하는 언론의 차이 Morris, M. W., & Peng, K.(1994). "Culture and cause: American and Chinese attributions for social and physical events". *Journal of Personality and Social Psychology*, 67, 949-971.

106쪽 꽃 그림 실험 Norenzayan, A., Smith, E. E., Kim, B. J., & Nisbett, R. E. (2002). Cultural preferences for formal versus intuitive reasoning. Urbana-

Champagne: University of Illinois.

110쪽 코끼리를 관찰하는 뇌 실험 Gutchess, A. H., Welsh, R. C., Borduroglu, A. & Park, D. C. (2006). "Cultural differences in neural function associated with object processing". *Cognitive*, 6, 102-109.

131쪽 말하면서 문제 푸는 실험 Kim, H., & Markus, H. R. (2002). "Freedom of speech and freedom of silence: A cultural analysis of talking". In R. Shweder, M. Minow, & H. Markus (Eds.) *Engaging Cultural Differences*. New York: Russell Sage Foundation.

2부. 나는 누구인가

174쪽 인사이더와 아웃사이더 Cohen, D., Hoshino-Browne, E., & Leung, A. K. (2007). "Culture and Structure of Personal Experience: Insider and Outsider Phenomenologies of the Self and Social World". *Advances in Experimental Social Psychology*, 39, 1-65.

176쪽 자기중심과 관계중심 Cohen, D., Hoshino-Browne, E., & Leung, A.K. (2007). "Culture and Structure of Personal Experience: Insider and Outsider Phenomenologies of the Self and Social World". *Advances in Experimental Social Psychology*, 39, 1-66.

180쪽 투명착각과 공감착각 Cohen, D., Hoshino-Browne, E., & Leung, A. K. (2007). "Culture and Structure of Personal Experience: Insider and Outsider Phenomenologies of the Self and Social World". *Advances in Experimental Social Psychology*, 39, 1-67.

184쪽 아이들 그림 구도 비교실험 Masuda, T. Gonalez, R. Kwan, Y. Y. Nisbett, R. E. (2008). "Culture and Esthetic Preference: Comparing the Attention to Context of East Asians and Americans". *Personality and Social Psychology Bulletin*.

199쪽 이모티콘 비교실험 Yuki, M., Maddux, W. W., & Masuda, T. (2006). "Are the windows to the soul the same in the East and West? Cultural differences in using the eyes and mouth as cues to recognize emotions in Japan and the United States". *Journal of Experimental Social Psychology*, 43, 303-311.

204쪽 목소리 톤 실험 Ishii, K., Reyes, J. A., & Kitayama, S. (2003). "Spontaneous attention to word content versus emotional tone: differences among three cultures". *Psychological Science*, 14, 39-46.

210쪽 감정판단 실험 Masuda, T. Gonalez, R. Kwan, Y. Y. Nisbett, R. E. (2008). "Culture and Esthetic Preference: Comparing the Attention to Context of East Asians and Americans". *Personality and Social Psychology Bulletin*.

214쪽 호랑이 안구운동 실험 Chua, H. F., Boland, J. E., & Nisbett, R. E. (2005). "Cultural variation in eye movements during scene perception". *Proceedings of the National Academy of Sciences*, 102, 12629-12633.

218쪽 동양화 서양화 인물 크기 비교실험 Masuda, T. Gonalez, R. Kwan, Y. Y. Nisbett, R. E. (2008). "Culture and Esthetic Preference: Comparing the Attention to Context of East Asians and Americans". *Personality and Social Psychology Bulletin*.

220쪽 사진 찍는 방식 비교실험 Masuda, T. Gonalez, R. Kwan, Y. Y. Nisbett, R. E. (2008). "Culture and Esthetic Preference: Comparing the Attention to Context of East Asians and Americans". *Personality and Social Psychology Bulletin*.

222쪽 파급효과 비교실험 William W. Maddux & Masaki Yuki (2006). The "Ripple Effect": Cultural Differences in Perceptions of the

Consequences of Events, *Personality and Social Psychology Bulletin*, 32, 669-683. 3-1.

227쪽 동양과 서양의 집 구조 차이 Hsu, F. L. K. (1981). Americans and Chinese: Passages to differences (3rd ed.). Honolulu, HI: University of Hawaii Press.

232쪽 자아개념표 비교 Markus, H. R. & Kitayama, S. (1991). "Culture and the self: Implications for cognition, emotion, and motivation". *Psychological Review*, 98, 224-253.

240쪽 SDR 차이 Lalwani, A. K., Shavitt, S., & Johnson, T. (2006). "What is the relation between cultural orientation and socially desirable responding?". *Journal of Personality and Social Psychology*, 90(1), 165-178.

245쪽 자기 소개방식 차이 Kitayama, S., & Markus, H. R. (1994). "Culture and self: How cultures influence the way we view ourselves". People: *Psychology from a cultural perspective*, 17-37.

253쪽 볼펜 고르기 실험 Kim, H., & Markus, H. R. (1999). "Deviance or uniqueness, harmony or conformity: A Cultural analys is". *Journal of Personality and Social Psychology*, 77, 785-800.

262쪽 엄마 참조 실험 Iyengar, S. & Lepper, M. (1999). "Rethinking the role of choice: A cultural perspective on intrinsic motivation". *Journal of Personality and Social Psychology*, 76, 349-366.

270쪽 동서양 행복 차이 Oishi, S., & Diener, E. (2001). Goals, culture, and subjective well-being. *Personality and Social Psychology Bulletin*, 27, 1674-1682.

참고도서

1) 《동양과 서양, 그리고 미학》, 장파, 푸른숲, 1999, 37~51쪽. 동양의 무와 서양의 허공을 구분하여 설명한 내용을 부분 인용.

2) 《한국 전통건축과 동양사상》, 임석재, 북하우스, 2005, 41~61쪽. 내용 참조. 창과 문의 구분이 없었던 동양의 한옥에 관련된 내용은 저자의 네이버 캐스트 글 '한옥의 창문'에서 부분 인용.

3) 《동양과 서양, 그리고 미학》, 장파, 푸른숲, 1999, 37~51쪽. 내용 참조.

4) 《현대물리학과 동양사상》, 프란초프 카프라, 범양사, 1979, 271~290쪽. 《물리이야기》, 아인슈타인, 한울, 2006, 112~218쪽. 장의 정의를 설명한 내용을 두 책에서 참조.

5) 《동양과 서양, 그리고 미학》, 장파, 푸른숲, 1999, 37~51쪽. 기의 흐름, 동양의 순환론적 관점에 관한 내용 참조.

6) 《왜 동양철학인가》, 한형조, 문학동네, 2009, 143~144쪽. '기우'에 관한 이야기 참조 인용.

7) 《왜 동양철학인가》, 한형조, 문학동네, 2009, 150~153쪽. 배설물이 거름으로, 또 생명으로 이어지는 비유를 부분 인용하여 동양의 순환론적 세계관을 설명.

8) 《인드라망의 세계》, 신용국, 하늘북, 2003, 41~49쪽. 벼를 예로 들어 인과연의 개념을 설명한 내용 참조.

9) 《동양과 서양, 그리고 미학》, 장파, 푸른숲, 1999, 128~144쪽. 《왜 동양철학인가》, 한형조, 문학동네, 2009, 153~157쪽. 음양의 원리와 작용에 관한 내용 참조.

10) 《동양과 서양, 그리고 미학》, 장파, 푸른숲, 1999, 150~153쪽. 동양은 순환적 시간이고 서양은 직선적 시간이라는 설명을 참조하여 자세하게 풀어씀.

11) 《세계철학사1》, 이정우, 길출판사, 2011, 144~188. 데모크리토스의 인용과 설명을 참조.

12) 《개념-뿌리들》, 이정우, 그린비, 2012, 178~179쪽. 꽃 한 송이와 이데아 개념을 설명한 내용을 참조.

13) 《세계철학사1》, 이정우, 길출판사, 2011, 347~387. 《개념-뿌리들》, 이정우, 그린비, 2012, 338~353쪽. 아리스토텔레스 논리학에 대한 설명을 이 두 책에서 참조.

14) 《세계철학사1》, 이정우, 길출판사, 2011, 144~188. 내용 참조.

15) 《개념-뿌리들》, 이정우, 그린비, 2012, 185~199쪽. 원래 책에서는 Nacl로 예를 들고 있는데 여기서는 H_2O의 설명으로 바꿔 소개.

16) 《개념-뿌리들》, 이정우, 그린비, 2012, 386~394쪽. 내용 참조.

17) '팔대산인의 묘석도와 선불교', 김은하, 〈프레시안〉, 2012년 7월 3일자 칼럼에 소개된 〈묘석도〉에 대한 해석을 참조하고 부분 인용.

18) 《철학 VS 철학》, 강신주, 그린비, 2010, 82~86쪽. 데카르트의 명제에 대한 저자의 해석을 참조.

19) 《세계철학사1》, 이정우, 길출판사, 2011, 794~819. 내용 참조.

20) 《개념-뿌리들》, 이정우, 그린비, 2012, 386~394쪽. 로고스와 학문에 대한 저자의 설명 참조 및 부분 인용.

21) 《몸 국가 우주 하나를 꿈꾸다》, 김희정, 궁리, 2008, 222~226쪽. 내용 참조.

22) 《철학 VS 철학》, 강신주, 그린비, 2010, 235~240쪽. 동양에서 생각한 마음의 개념에 관한 내용을 참조하고 부분 인용.

23) 《한국인의 심리학》, 최상진, 학지사, 2011, 129~162쪽. 체면에 관한 설명을 참조 및 부분 인용했으며, 여러 개의 속담 중 세 가지를 함께 소개.

24) 《한국인의 심리학》, 최상진, 학지사, 2011, 213~241쪽. 내용 참조.

25) 《디지로그》, 이어령, 생각의 나무, 2006, 49~60쪽. 내용 참조.

26) 《한국인의 심리학》, 최상진, 학지사, 2011, 163~189쪽. 이 책에 소개된 '눈치'에 대한 설문조사와 관련된 내용을 발췌 인용.

27) 《한국인의 심리학》, 최상진, 학지사, 2011, 213~241쪽. 내용 참조.

28) 《한국인의 심리학》, 최상진, 학지사, 2011, 33~59쪽, 93~112쪽, 117~127쪽. 내용 참조.

29) 《이상적 인간형론의 동서비교》, 조긍호, 지식산업사, 2006. 수직적 사회구조와 수평적 사회구조 개념에 대한 내용 참조.

- 《생각의 지도》, 리처드 니스벳, 김영사, 2004.

- Chiu, Chi-Yue and Hong, Ying-Yi. *Social Psychology of Culture*, Principles of Social Psychology, 2006.

- Triandis, Harry C., *Individualism & Collectivism*, Westview, 1995.

인터뷰 도움주신 분들

다카 마스다Takahiko Masuda, 앨버타대학교 심리학과 교수

데니스 파크Denise Park, 일리노이대학교 심리학과 교수

도브 코헨Dov Cohen, 일리노이대학교 심리학과 교수

리처드 니스벳Richard Nisbett, 미시간대학교 심리학과 교수

마크 레퍼Mark Lepper, 스탠포드대학교 심리학과 교수

무츠미 이마이Mutsumi Imai, 게이오대학교 인지과학부 교수

샤론 섀빗Sharon Shavitt, 일리노이대학교 경영학과 교수

시노부 기타야마Shinobu Kitayama, 미시간대학교 심리학과 교수

에드 디에너Ed Diener, 일리노이대학교 심리학과 교수

윌리엄 매덕스William Maddux, INSEAD 조직행동론 교수

장파Zhang, Fa, 인민대학교 철학과 교수

최인철Choi, In-Cheol, 서울대학교 심리학과 교수

치우치위에Chiu, Chi-Yue, 일리노이대학교 심리학과 교수

케이코 이시이Keiko Ishii, 홋카이도대학교 사회과학부 교수

펑 카이핑Peng, Kaiping, 캘리포니아버클리대학교 심리학과 교수

해리 트리안디스Harry Triandis, 일리노이대학교 심리학과 교수

헤이즐 마커스Hazel Markus, 스탠포드대학교 심리학과 교수

홍잉이Hong, Ying-Yi, 일리노이대학교 심리학과 교수

EBS 다큐멘터리
동과 서

초판 1쇄 발행 2012년 10월 30일
초판 8쇄 발행 2020년 4월 10일

기획 | EBS ◐ ● 미디어
지은이 | EBS 〈동과 서〉 제작팀 · 김명진
발행인 | 윤호권

임프린트 대표 | 김경섭
기획편집 | 정은미 · 정상미 · 정인경 · 송현경 · 김하영
디자인 | 정정은 · 김덕오
마케팅 | 윤주환 · 어윤지 · 이강희
제작 | 정웅래 · 김영훈

발행처 | 지식채널
출판등록 | 2008년 11월 13일 (제321 -2008 -00139호)
주소 | 서울특별시 서초구 사임당로 82 (우편번호 137-879)
전화 | 편집 (02) 3487-1151, 영업 (02) 3471-8044

ISBN 978-89-527-6731-8 03300

이 책의 내용을 무단 복제하는 것은 저작권법에 의해 금지되어 있습니다.
파본이나 잘못된 책은 구입하신 곳에서 교환해드립니다.

이 책은 EBS미디어와의 출판권 설정을 통해 EBS 다큐멘터리〈동과 서〉를 단행본으로 엮었습니다.
2012, ©EBS, All rights reserved.